KB091578

나의
하루 1줄

독일어 쓰기
수첩

☑ 기초문장 100

66 외국어는
매일의 습관입니다. **99**

매 일 독 일 어 습 관 의 기 적 !

나의 하루 1줄 독일어 쓰기 수첩

☑ 기초문장 100

매일 한 줄 쓰기의 힘

여러분,
한꺼번에 수십 개의 단어와 문장을 외웠다가
나중에 몽땅 까먹고 다시 공부하는
악순환을 반복하고 싶으신가요?

아니면 하루 1문장씩이라도
확실히 익히고, 직접 반복해서 써보며
온전한 내 것으로 만들어
까먹지 않고 제대로 써먹고 싶으신가요?

독일어 '공부'가 아닌
독일어 '습관'을 들이세요.

많은 사람들이 외국어를 공부할 때, 자신이 마치 내용을 한 번 입력하기만 하면
죽을 때까지 그걸 기억할 수 있는 기계인 것마냥 문법 지식과 단어를
머릿속에 최대한 많이 넣으려고 하는 경향이 있습니다.
하지만 이 공부법의 문제는? 바로 우리는 기계가 아닌 '인간'이기 때문에
한꺼번에 많은 내용을 머릿속에 우겨 넣어 봐야 그때 그 순간만 기억할 뿐
시간이 지나면 거의 다 '까먹는다는 것'입니다.

'한꺼번에 많이'보다
'매일매일 꾸준히' 하세요.

까먹지 않고 내 머릿속에 오래도록 각인을 시키려면,
우리의 뇌가 소화할 수 있는 만큼만 이를 최대한 '반복'해야 합니다.
한 번에 여러 문장을 외웠다 며칠 지나 다 까먹는 악순환을 벗어나.
한 번에 한 문장씩 여러 번 반복하고 직접 써 보는 노력을 통해
독일어를 진짜 내 것으로 만드는 것이 제대로 된 방법입니다.

어느새 독일어는
'나의 일부'가 되어있을 겁니다.

자, 이젠 과도한 욕심으로 작심삼일로 끝나는 외국어 공부 패턴을 벗어나,
진짜 제대로 된 방법으로 독일어를 공부해 보는 건 어떨까요?

쓰기 수첩 활용법

Ich bin Julia.

나는 Julia라고 해.

① [독일어 문장의 기본 어순] 주어-동사-(목적어, 기타 등등)

주어 ich = 나(는), 내(가) [1인칭 단수 주어]

동사 sein = ~이다 → 독일어 문장에서 동사는 주어별로 형태가 변화합니다.

[주어가 ich일 때 sein 동사의 -형태 → bin]

② '이름'을 말할 땐 이름 앞에 관사를 붙이지 않고 말합니다.

MP3 듣고 따라 말하며 세 번씩 써보기	🎧 mp3 007
①	
②	
③	

응용해서 써본 후 MP3 듣고 따라 말하기	🎧 mp3 008
① 나는 Claudia라고 해.	
→	
② 나는 Markus라고 해.	
→	

① Ich bin Claudia.
② Ich bin Markus.

1 하루 1문장씩
제대로 머릿속에 **각인시키기**

독일어 핵심 어법이 녹아 있는 문장을 하루 1개씩, 총 100개 문장을 차근차근 익혀 나가도록 합니다. 각 문장 1개를 통해 일상생활 필수 표현 및 핵심 문형 1개 & 새로운 어휘 2~3개를 함께 익힐 수 있습니다.

2 그날그날 배운
문장 1개 **반복**해서 **써보기**

그날그날 배운 문장 1개를 수첩에 반복해서 써 보도록 합니다. 문장을 다 써 본 후엔 원어민이 직접 문장을 읽고 녹음한 MP3 파일을 듣고 따라 말하며 발음까지 확실히 내 것으로 만들도록 합니다.

3 배운 문장을 활용해
새로운 문장 **응용**해서 **써보기**

그날그날 배우고 써 봤던 독일어 문형에 다른 어휘들을 집어 넣어 '응용 문장 2개' 정도를 더 써 보도록 합니다. 이렇게 함으로써 그날 배운 독일어 문형은 완벽한 내 것이 될 수 있습니다.

TAG 006	TAG 007	TAG 008	TAG 009	TAG 010
✓	✓	✓		
복습-1	TAG 011	TAG 012	TAG 013	TAG 014
TAG 015	TAG 016	TAG 017	TAG 018	TAG 019

4

5

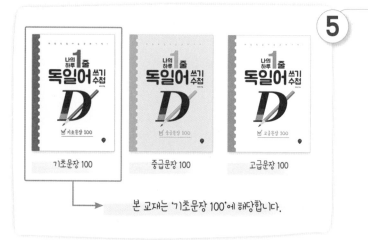

기초문장 100   중급문장 100   고급문장 100

본 교재는 '기초문장 100'에 해당합니다.

4 매일매일 쓰기를 확실히 끝냈는지 스스로 체크하기

외국어 공부가 작심삼일이 되는 이유 중 하나는 바로 스스로를 엄격히 체크하지 않아서입니다. 매일 쓰기 훈련을 끝마친 후엔 체크 일지에 학습 완료 체크 표시를 하며 쓰기 습관이 느슨해지지 않도록 합니다.

5 '기초-중급-고급'의 체계적인 단계별 쓰기 훈련

나의 하루 1줄 독일어 쓰기 수첩은 '기초-중급-고급'으로 구성되어 있어 수준을 단계적으로 높여 가며 독일어를 마스터할 수 있습니다.

기초문장 **100**	기초문장 100개를 쓰고 익히며 독일어의 기본 문장 구조 파악 및 기초 표현 학습
중급문장 **100**	중급문장 100개를 쓰고 익히며 다양한 시제 및 중급 레벨의 어법/표현 학습
고급문장 **100**	기초 및 중급을 기반으로 좀 더 길고 풍성한 고급문장 100개를 써 보며 실력 다지기

쓰기 수첩 목차

나의 쓰기 체크일지

본격적인 '나의 하루 1줄 독일어 쓰기' 학습을 시작하기에 앞서, 수첩을 활용하여 공부를 진행하는 방법 및 '나의 쓰기 체크 일지' 활용 방법을 안내해 드리도록 하겠습니다. 꼭! 읽고 학습을 진행하시기 바랍니다.

 공부 방법

① 'TAG 1'마다 핵심 독일어 문형 및 문장 1개를 학습합니다.

② 배운 문장 1개를 MP3를 듣고 따라 말하며 3번씩 써 봅니다.

③ 배운 문장 구조를 응용하여 다른 문장 두 개를 작문해 본 다음 MP3를 듣고 따라 말해 봅니다.

④ 또한 Lektion 하나가 끝날 때마다 복습 및 작문 테스트를 치러 보며 자신의 독일어 실력을 점검해 봅니다.

⑤ 이 같이 학습을 진행해 나가면서, '나의 쓰기 체크 일지'에 학습을 제대로 완료했는지 체크(V) 표시를 하도록 합니다.

▶▶▶ START	warm up			
	자, 준비됐나요? ( )			
TAG 001	TAG 002	TAG 003	TAG 004	TAG 005

TAG 006	TAG 007	TAG 008	TAG 009	TAG 010
복습 - 1	TAG 011	TAG 012	TAG 013	TAG 014
TAG 015	TAG 016	TAG 017	TAG 018	TAG 019
TAG 020	복습 - 2	TAG 021	TAG 022	TAG 023
TAG 024	TAG 025	TAG 026	TAG 027	TAG 028
TAG 029	TAG 030	복습 - 3	TAG 031	TAG 032
TAG 033	TAG 034	TAG 035	TAG 036	TAG 037

| TAG 038 | TAG 039 | TAG 040 | 복습 - 4 | TAG 041 |
| TAG 042 | TAG 043 | TAG 044 | TAG 045 | TAG 046 |

| TAG 047 | TAG 048 | TAG 049 | TAG 050 | 복습 - 5 |
| TAG 051 | TAG 052 | TAG 053 | TAG 054 | TAG 055 |

| TAG 056 | TAG 057 | TAG 058 | TAG 059 | TAG 060 |

| 복습 - 6 | TAG 061 | TAG 062 | TAG 063 | TAG 064 |
| TAG 065 | TAG 066 | TAG 067 | TAG 068 | TAG 069 |

TAG 070	복습 - 7	TAG 071	TAG 072	TAG 073
TAG 074	TAG 075	TAG 076	TAG 077	TAG 078
TAG 079	TAG 080	복습 - 8	TAG 081	TAG 082
TAG 083	TAG 084	TAG 085	TAG 086	TAG 087
TAG 088	TAG 089	TAG 090	복습 - 9	TAG 091
TAG 092	TAG 093	TAG 094	TAG 095	TAG 096
TAG 097	TAG 098	TAG 099	TAG 100	복습 - 10

나의 다짐

다짐합니다.

나는 "나의 하루 한 줄 독일어 쓰기 수첩"을

언제 어디서나 휴대하고 다니며

하루 한 문장씩 꾸준히 포기하지 않고

열심히 쓸 것을 다짐합니다.

만약 하루에 한 문장씩 쓰기로 다짐한

이 간단한 약속조차 지키지 못해

다시금 작심삼일이 될 경우,

이는 내 자신의 의지가 이 작은 것도 못 해내는

부끄러운 사람이란 것을 입증하는 것임을 알고,

따라서 내 스스로에게 부끄럽지 않도록

이 쓰기 수첩을 끝까지 쓸 것을

내 자신에게 굳건히 다짐합니다.

_____ 년 _____ 월 _____ 일

이름: _____

WARM
UP

본격적으로 독일어 학습을 시작하기 전
독일어의 알파벳과 발음 및 기본적인 특징,
그리고 간단한 인사말에 대해 알아 봅시다.

① 독일어는 30개의 철자로 쓰고 말해요.

② 독일어 명사는 첫 글자가 항상 '대문자'예요.

③ 독일어 명사엔 '성(性)'이 있어요.

④ 독일어 명사 앞엔 '정관사'가 붙어요.

⑤ 독일어 명사 앞엔 '부정관사'도 붙어요.

⑥ 독일어 동사는 '두 번째' 자리를 좋아해요.

⑦ 기본적인 독일어 인사말을 익혀 봅시다.

A ~ ß

독일어는 30개의 철자로 쓰고 말해요.

독일어의 철자는 A부터 Z까지의 26개의 알파벳에 Umlaut(움라우트)라는 변모음 3개 (Ä[애], Ö[외], Ü[위]), 그리고 'ß[에스쩨트]'라는 자음 1개로 구성되어 있습니다. 독일어의 매력 중 하나는 철자가 쓰여진 '그대로' 읽으면 되기 때문에 발음 규칙만 잘 숙지하면 모든 문장을 쉽게 술술 읽을 수 있다는 것입니다. 자, 그럼 독일어 철자를 익혀 볼까요?

▶ 독일어 알파벳   ∩ mp3 001

A a	B b	C c	D d	E e	F f
아	베	체	데	에	에프
G g	H h	I i	J j	K k	L l
게	하	이	요트	카	엘
M m	N n	O o	P p	Q q	R r
엠	엔	오	페	쿠	에흐
S s	T t	U u	V v	W w	X x
에스	테	우	파우	브에	익쓰
Y y	Z z	Ä ä	Ö ö	Ü ü	ß
입실런	쩨트	애	외	위	에스쩨트

▶ 기본 모음　　　　　　　　　　　　　　　　　　　　　　　🎧 mp3 002

A a	E e	I i	O o	U u
아	에	이	오	우
Abend	geben	Kino	Onkel	Blume
[아벤트]	[게벤]	[키노]	[옹켈]	[블루메]
저녁	주다	영화관	삼촌	꽃

➡ 자음 b, d, g는 단어 끝에 오면 p, t, k로 발음됩니다.

▶ 변모음　　　　　　　　　　　　　　　　　　　　　　　🎧 mp3 003

Ä ä	Ö ö	Ü ü
애	외	위
Käse [캐제]	hören [회-렌]	Übung [위붕]
치즈	듣다	연습

▶ 중모음 (중모음은 길~게 발음하는 것이 특징!)　　　　🎧 mp3 004

aa	oo	ee
아-	오-	에-
Haar [하-]	Boot [보-트]	Tee [테-]
머리카락	보트	(마시는) 차

▶ 복모음　　　　　　　　　　　　　　　　　　　　　　　🎧 mp3 005

ai, ay, ei	au	eu, äu	ie
아이	아우	오이	이-
Mai [마이]	Auto [아우토]	Deutsch [도이취]	Liebe [리-베]
5월	자동차	독일어	사랑

Katze

독일어 명사는 첫 글자가 항상 '대문자'예요.

독일어에서는 모든 명사의 첫 글자를 항상 대문자로 표기합니다. 앞에 무엇이 붙든, 문장 어디에 있든 말이죠. 아래 예시를 한번 볼까요?

Katze	eine Katze	Ich habe eine Katze.
고양이	한 마리의 고양이	나는 고양이 한 마리가 있어요.
Mutter	meine Mutter	Sie ist meine Mutter.
어머니	나의 어머니	그녀는 나의 어머니예요.
Wetter	das Wetter	Das Wetter ist sehr schön.
날씨	날씨	날씨가 매우 좋군요.

자, 위에서 볼 수 있듯이 명사 앞에 'eine, meine, das'와 같은 요소가 붙어도, 그리고 명사가 문장 내 '앞/중간/끝' 어디에 있어도, 항상 첫 글자가 대문자로 표기되는 걸 볼 수 있죠? 참고로 '명사' 이외의 단어들은 문장 맨 앞에 올 경우에만 첫 글자를 대문자로 표기합니다. 독일어도 영어와 마찬가지로 문장 맨 앞에 있는 단어의 첫 글자는 항상 대문자로 표기하기 때문이죠. 아래 예시를 한번 볼까요?

- Ich habe eine Katze. (ich가 아니라 Ich로 표기)
- Sie ist meine Mutter. (sie가 아니라 Sie로 표기)
- Das Wetter ist sehr schön. (das가 아니라 Das로 표기)

Katze (난 '여성' 명사야!)

독일어 명사엔 '성(性)'이 있어요.

독일어의 명사는 '남성(m.), 여성(f.), 중성(n.)' 이렇게 총 3개의 성으로 분류되며, 각 명사 앞엔 'der+남성 명사, die+여성 명사, das+중성 명사'와 같이 성을 구별해 주는 요소가 붙습니다. 사람을 나타내는 명사는 생물학적 성별에 따라 성이 결정되기도 하며, 그 외엔 아래와 같은 몇 가지 규칙을 익히면 명사의 성을 쉽게 맞출 수도 있습니다.

남성 명사	-er, -el, -en	der Lehrer(선생님), der Onkel(삼촌), der Garten(정원)
	하루의 때, 요일	der Morgen(아침), der Samstag(토요일)
	월, 계절	der Januar(1월), der Winter(겨울)
여성 명사	마지막 철자가 모음으로 끝나는 단어	die Sprache(언어), die Polizei(경찰), die Familie(가족)
	-heit, -keit	die Gesundheit(건강), die Süßigkeit(단것)
	-ung, -ur	die Zeitung(신문), die Kultur(문화)
중성 명사	동사가 명사화되어 만들어진 단어	essen(먹다) → das Essen(음식) leben(살다) → das Leben(인생) geschehen(일어나다) → das Geschehen(사건)
	-chen, -lein	das Mädchen(소녀), das Kindlein(아기)
	-um, -o	das Studium(학업), das Büro(사무실)

die Katze

독일어 명사 앞엔 '정관사'가 붙어요.

앞서 배운 명사의 성을 구별해 주는 'der, die, das'와 같은 것들을 '정관사'라고 합니다. 이들 정관사는 이미 언급되었던 대상(명사)이나 뚜렷한 대상(명사)을 지칭할 때 사용하며, '격 ([1격] ~은·는·이·가, [2격] ~의, [3격] ~에게, [4격] ~을·를)'에 따라 형태가 변화합니다. 참고로 일부 명사를 제외하고 남성·중성 명사 2격에선 명사 뒤에 '-(e)s'가 붙고 복수 명사 3격에선 명사 뒤에 '-(e)n'이 붙으며, 남성 명사는 m.(Maskulin), 여성 명사는 f.(Feminin), 중성 명사는 n.(Neutrum), 복수 명사는 pl.(Plural)과 같이 표기합니다.

	남성 명사(m.)	여성 명사(f.)	중성 명사(n.)	복수 명사(pl.)
1격	der Onkel	die Katze	das Essen	die Kinder
2격	des Onkels	der Katze	des Essens	der Kinder
3격	dem Onkel	der Katze	dem Essen	den Kindern
4격	den Onkel	die Katze	das Essen	die Kinder

주어진 단어에 '격에 맞는 정관사'를 붙여서 써 보기

m. Lehrer 선생님

1격 - (그) 선생님(은·이) _____ 　　2격 - (그) 선생님(의) _____

3격 - (그) 선생님(에게) _____ 　　4격 - (그) 선생님(을) _____

정답 der Lehrer, des Lehrers, dem Lehrer, den Lehrer

eine Katze

독일어 명사 앞엔 '부정관사'도 붙어요.

부정관사는 정관사와는 반대로 처음 언급된 대상(명사)을 지칭하거나 일정치 않은 하나(1)인 대상(명사)을 지칭할 때 사용합니다. 당연히 '하나(1)'인 대상(명사)을 가리키니 '복수 명사' 앞에 쓰는 일은 없겠죠? 부정관사 역시 정관사처럼 격 변화를 하며, 변화 규칙은 정관사의 변화 규칙과 동일합니다. 참고로 정관사·부정관사 변화 표를 외우지 마세요! 변화 표만 기계적으로 외워 봐야 어차피 문장으로 말할 때 입에서 튀어나오지도 않습니다. 반복적으로 찾아보고, 쓰고, 말하면서 서서히 익숙해지는 것이 좋습니다.

	남성 명사(m.)	여성 명사(f.)	중성 명사(n.)
1격	ein Onkel	eine Katze	ein Essen
2격	eines Onkels	einer Katze	eines Essens
3격	einem Onkel	einer Katze	einem Essen
4격	einen Onkel	eine Katze	ein Essen

주어진 단어에 '격에 맞는 부정관사'를 붙여서 써 보기

n. Büro 사무실

1격 - (한) 사무실(은·이) _____   2격 - (한) 사무실(의) _____

3격 - (한) 사무실(에게) _____   4격 - (한) 사무실(을) _____

정답 ein Büro, eines Büros, einem Büro, ein Büro

Ich mag Katzen.

독일어 동사는 '두 번째' 자리를 좋아해요.

독일어의 가장 기본적인 어순은 '[평서문] 주어+동사+(목적어, 기타 등등)'입니다. 특히 평서문에 선 동사가 항상 '두 번째' 자리에 오는 것이 특징이며, 동사를 두 번째 자리에 놓는 규칙만 잘 지켜 주면 문장이 굳이 주어로 시작되지 않아도 어순에 크게 문제가 되지 않습니다. 아래는 독일어의 어순 을 보여 주는 간단한 예문입니다.

* n. Auto = 자동차 [중성 명사] / pl. Katzen = 고양이들 [복수 명사]

주어	동사	목적어
Ich 나는	mag 좋아해	Katzen. 고양이를
Sie 그녀는	hat 가지고 있어	ein Auto. 차 한 대를

참고로 동사가 두 번째 자리에 오는 경우는 '평서문'일 경우입니다. 독일어로 '~이니/하니?'와 같 은 의문문을 말할 땐 주어와 동사의 위치가 바뀌는 것이 특징입니다.

동사	주어	목적어
Hat 가지고 있니	sie 그녀는	ein Auto? 차 한 대를

Guten Morgen!

기본적인 독일어 인사말을 익혀 봅시다.

본격적인 학습에 들어가기 전, 기본적인 독일어 인사말을 배워 보도록 합시다. 단, 인사말의 문법적인 부분이나 단어 해석엔 신경 쓰지 말고 mp3를 듣고 세 번씩 따라 말하며 '아, 독일어의 발음은 이렇구나, 독일어로는 이렇게 인사하는구나'와 같은 가벼운 마음으로 훑으며 듣고 따라 말해 보세요. (mp3를 듣고 따라 말할 땐 오른쪽에 있는 박스(□)에 체크(∨) 표시를 하며 따라 말하도록 하세요.)

🎧 mp3 006

① 때마다 건네는 인사

• Guten Morgen!	(아침 인사) 안녕하세요!	□□□
• Guten Tag!	(점심 인사) 안녕하세요!	□□□
• Guten Abend!	(저녁 인사) 안녕하세요!	□□□

② 헤어지며 건네는 인사

• Auf Wiedersehen!	(존댓말의 뉘앙스) 안녕히 계세요!	□□□
• Tschüß! / Tschau!	(친구들과 헤어지며) 안녕!	□□□
• Auf Wiederhören!	(전화를 끊으면서) 안녕히 계세요!	□□□

③ 연휴·명절 인사 및 축하 인사

• Schönes Wochenende!	주말 잘 보내요!	□□□
• Frohes neues Jahr!	새해 복 많이 받아요!	□□□
• Fröhliche Weihnachten!	즐거운 크리스마스 보내요!	□□□
• Alles Gute zum Geburtstag!	생일 축하해요!	□□□

④ 사과 인사 및 양해를 구하는 인사

- Es tut mir leid.   미안해요.   ☐☐☐
- Entschuldigung. / Verzeihung.   실례합니다(죄송합니다).   ☐☐☐

⑤ 반가움을 표하며 안부를 묻는 인사

- Freut mich, Sie kennenzulernen.   당신을 알게 되어 기뻐요.   ☐☐☐
- Lange nicht gesehen!   오랜만이야!   ☐☐☐
- Wie geht es dir?   잘 지냈어?   ☐☐☐
- Mir geht es sehr gut!   나는 아주 잘 지내!   ☐☐☐

MEMO 앞서 배운 인사말을 직접 한 번씩 써보세요.

LEKTION 01

독일어의 기본 문장 구조 이해하기

Ich bin Julia.

나는 Julia라고 해.

① [독일어 문장의 기본 어순] 주어-동사-(목적어, 기타 등등)

<u>주어</u> ich = 나(는), 내(가) [1인칭 단수 주어]

<u>동사</u> sein = ~이다 → 독일어 문장에서 동사는 주어별로 형태가 변화합니다.

[주어가 ich일 때 sein 동사의 -형태 → bin]

Ich(나는)+bin(이다)+Julia. = 나는 Julia이다. (= 나는 Julia라고 해.)

② '이름'을 말할 땐 이름 앞에 관사를 붙이지 않고 말합니다.

MP3 듣고 따라 말하며 세 번씩 써보기	∩ mp3 007

①

②

③

응용해서 써본 후 MP3 듣고 따라 말하기	∩ mp3 008

① 나는 Claudia라고 해.

→

② 나는 Markus라고 해.

→

① Ich bin Claudia.

② Ich bin Markus.

Bist du Koreaner?

너는 한국 사람이니?

① du = 너(는), 네(가) [2인칭 단수 주어]

→ 주어가 du일 때의 sein 동사의 형태는 bist

② ['네·아니오'로 답하는 결정 의문문의 어순] 동사-주어-(목적어, 기타 등등)?

Koreaner(남성)-Koreanerin(여성) = 한국인

Bist du Koreaner? = 너(남성)는 한국 사람이니?

→ '국적'을 말할 땐 성별을 구분하되 앞에 관사를 붙이지 않고 말합니다.

MP3 듣고 따라 말하며 세 번씩 써보기　　　　　　　　　🎧 mp3 009

①

②

③

응용해서 써본 후 MP3 듣고 따라 말하기　　　　　　　　🎧 mp3 010

① 너(남성)는 독일인이니? [독일인 = Deutscher(남성)-Deutsche(여성)]

→

② 너(여성)는 중국인이니? [중국인 = Chinese(남성)-Chinesin(여성)]

→

① Bist du Deutscher?

② Bist du Chinesin?

Sind Sie Frau Hartmann?

당신이 Hartmann 씨인가요?

① Sie = 당신(은·이), 당신들(은·이) [2인칭 존칭형 단수·복수 주어]

　→ 주어가 Sie일 때의 sein 동사의 형태는 sind

　*2인칭 존칭형 주어 'Sie'는 문장 어디에 오든 항상 첫 글자가 '대문자'입니다.

② '~ 씨'라고 말할 땐 '(남성) Herr+이름, (여성) Frau+이름'이라고 합니다.

　(ex) Hartmann 씨가 여성이라면 Frau Hartmann

　Sind Sie Frau Hartmann? = 당신(여성)이 Hartmann 씨인가요?

MP3 듣고 따라 말하며 세 번씩 써보기	🎧 mp3 011
①	
②	
③	

응용해서 써본 후 MP3 듣고 따라 말하기	🎧 mp3 012

① 당신(남성)이 Hartmann 씨인가요?

　→

② 당신(여성)이 Kim 씨인가요?

　→

① Sind Sie Herr Hartmann?
② Sind Sie Frau Kim?

Er ist Ingenieur.

그는 엔지니어야.

① er, sie, es = 그(는·가), 그녀(는·가), 그것(은·이) [3인칭 단수 주어]

　→ 주어가 er, sie, es일 때의 sein 동사의 형태는 ist

② 독일어로 '직업·신분'을 말할 때에도 관사 없이 <u>성별을 구분</u>해서 말합니다.

　(ex) Ingenieur(남성)-Ingenieurin(여성)

　Er ist Ingenieur. = 그는 <u>엔지니어</u>야.

　Sie ist Ingenieurin. = 그녀는 <u>엔지니어</u>야.

MP3 듣고 따라 말하며 세 번씩 써보기　　　　　　　　🎧 mp3 013

①

②

③

응용해서 써본 후 MP3 듣고 따라 말하기　　　　　　　　🎧 mp3 014

① 그녀는 대학생이야. [대학생 = Student(남성)-Studentin(여성)]

　→

② 너(남성)는 대학생이니?

　→

---

① Sie ist Studentin.

② Bist du Student?

Wir sind **müde**.

우리는 피곤해.

① wir = 우리(는·가) [1인칭 복수 주어]

→ 주어가 wir일 때의 sein 동사의 형태는 sind

② sein 뒤에 형용사를 붙여 말하면 주어의 '특징·상태'가 어떠한지 말할 수 있습니다.

[주어가 '무엇인지'] 주어+sein+명사(1격). = 주어는 ~(라는 존재)이다.

[주어가 '어떠한지'] 주어+sein+형용사. = 주어는 ~(한 특징·상태)이다.

(adj.) müde = 피곤한 → Wir sind **müde**. = 우리는 피곤해.

MP3 듣고 따라 말하며 세 번씩 써보기   🎧 mp3 015

①

②

③

응용해서 써본 후 MP3 듣고 따라 말하기   🎧 mp3 016

① 나는 행복해. [행복한 = (adj.) glücklich]

→

② 너 피곤하니?

→

---

① Ich bin glücklich.

② Bist du müde?

Seid ihr in Ordnung?

너희들 괜찮니?

---

① ihr = 너희들(은·이) [2인칭 복수 주어]

　→ 주어가 ihr일 때의 sein 동사의 형태는 seid

② in = ~(안)에 있는 / f. Ordnung = 정리·정돈; 순서; 질서

　in Ordnung = 정리·정돈된 상태에 있는, 질서 정연한 상태에 있는

　→ '잘 돌아가는; 괜찮은'이란 의미로 쓰입니다.

　Seid ihr in Ordnung? = 너희들 괜찮니?

MP3 듣고 따라 말하며 세 번씩 써보기	∩ mp3 017

①

②

③

응용해서 써본 후 MP3 듣고 따라 말하기	∩ mp3 018

① 너희들 안전한 거야? [안심·안전 = f. Sicherheit, 안전한 = in Sicherheit]

　→

② 나는 괜찮아.

　→

---

① Seid ihr in Sicherheit?

② Ich bin in Ordnung.

Sie sind **im Büro.**

그들은 **사무실에** 있어.

① sie = 그들(은·이), 그것들(은·이) [3인칭 복수 주어]

  → 주어가 sie일 때의 sein 동사의 형태는 sind

② 주어+sein+전치사+장소. = 주어는 ~에 있다.

  in+명사(3격) = ~(안)에 / n. Büro = 사무실

  das Büro (1격) → in dem Büro (3격) = 사무실에

  Sie sind im Büro. = 그들은 사무실에 있어. (in dem→im으로 축약 가능)

MP3 듣고 따라 말하며 세 번씩 써보기　　　　　　　　　🎧 mp3 019

①

②

③

응용해서 써본 후 MP3 듣고 따라 말하기　　　　　　　　🎧 mp3 020

① 그들은 도서관에 있어. [도서관 = f. Bibliothek]

  →

② 너는 사무실에 있니?

  →

---

① Sie sind in der Bibliothek.

② Bist du im Büro?

Die Kinder sind in der Schule.

아이들은 학교에 있어요.

---

① 앞서 배운 'ich, du, Sie, er/sie/es, wir, ihr, sie' 외의 대상(명사)들이 주어일 경우, 이 뒤에 오는 sein 동사의 형태는 <u>단수 명사</u>가 주어일 땐 '<u>ist</u>'를, <u>복수 명사</u>가 주어일 땐 '<u>sind</u>'를 써서 말하면 됩니다. (현재 시제 기준)

② pl. Kinder = 아이들 / f. Schule = 학교

Die Kinder sind in der Schule. = 아이들은 <u>학교에</u> 있어요.

→ 이미 알고 있는 아이들을 지칭하는 것이므로 정관사를 붙여 말합니다.

MP3 듣고 따라 말하며 세 번씩 써보기	∩ mp3 021

①

②

③

응용해서 써본 후 MP3 듣고 따라 말하기	∩ mp3 022

① Claudia는 학교에 있어.

→

② Markus는 도서관에 있어.

→

---

① Claudia ist in der Schule.

② Markus ist in der Bibliothek.

> # Ich bin auf dem Weg nach Hause.
>
> ## 나는 집에 가는 길이야.

① auf+명사(3격) = ~(위)에 / m. Weg = 길, 도로

　der Weg (1격) → auf dem Weg (3격) = 길(위)에

　Ich bin auf dem Weg nach 장소. = 나는 ~을 향한 길(위)에 있다.

　→ 결국 위의 말은 '나는 ~에 가는 길이다'라고 해석 가능합니다.

② nach Hause = 집으로 (이 표현은 아예 통째로 암기해 두세요.)

　Ich bin auf dem Weg nach Hause. = 나는 집으로(집에) 가는 길이야.

MP3 듣고 따라 말하며 세 번씩 써보기	🎧 mp3 023
①	
②	
③	

응용해서 써본 후 MP3 듣고 따라 말하기	🎧 mp3 024

① 우리는 집에 가는 길이야.

　→

② 너 집에 가는 길이니?

　→

---

① Wir sind auf dem Weg nach Hause.

② Bist du auf dem Weg nach Hause?

Ich bin auf dem Weg ins Büro.

나는 사무실로 가는 길이야.

① in+명사(4격) = ~(으)로

전치사 in이 '~(안)에 머물러 있는 상태'를 나타낼 땐 이 뒤에 '3격' 명사가 오고, '~(으)로 움직이는 방향성'을 나타낼 땐 이 뒤에 '4격' 명사가 옵니다.

das Büro (1격) → in das Büro (4격) = 사무실로

② 독일어에선 '전치사+정관사'를 곧잘 줄여서 말합니다. (ex) in das→ins

Ich bin auf dem Weg ins Büro. = 나는 사무실로 가는 길이야.

MP3 듣고 따라 말하며 세 번씩 써보기	🎧 mp3 025

①

②

③

응용해서 써본 후 MP3 듣고 따라 말하기	🎧 mp3 026

① 우리는 도서관에 가는 길이야.

→

② 너희들 학교 가는 길이니?

→

---

① Wir sind auf dem Weg in die Bibliothek.

② Seid ihr auf dem Weg in die Schule?

01. 앞서 배운 내용 중 주요 문법 및 표현을 정리해 봅시다.

☐ 독일어 문장의 기본 어순 & 인칭대명사 및 sein 동사

[평서문] 주어-동사-(목적어, 기타 등등)

['네·아니오'로 답하는 결정 의문문] 동사-주어-(목적어, 기타 등등)?

(1격 / 현재 시제 기준)

	단수	sein	복수	sein
1인칭	ich 나(는), 내(가)	bin	wir 우리(는·가)	sind
2인칭	du 너(는), 네(가)	bist	ihr 너희들(은·이)	seid
	Sie 당신(은·이)	sind	Sie 당신들(은·이)	sind
3인칭	er 그(는·가)	ist	sie 그들(은·이), 그것들(은·이)	sind
	sie 그녀(는·가)			
	es 그것(은·이)			

☐ '전치사+명사'의 활용 예시

독일어 전치사는 뒤에 오는 명사의 '격'에 주의해서 써야 합니다.

	전치사+명사	사용 예시
in	in+명사(3격) = ~(안)에	f. Schule(학교) → in der Schule = 학교에
	in+명사(4격) = ~(으)로	n. Büro(사무실) → in das Büro = 사무실로
auf	auf+명사(3격) = ~(위)에	m. Weg(길, 도로) → auf dem Weg = 길(위)에

02. 앞서 배운 문장을 독일어로 쓸 수 있는지 테스트를 통해 확인해 보세요. (정답 p.040)

① 나는 Julia라고 해.

→

② 너는 한국 사람이니?

→

③ 당신(여성)이 Hartmann 씨인가요?

→

④ 그는 엔지니어야.

→

⑤ 우리는 피곤해.

→

⑥ 너희들 괜찮니?

→

⑦ 그들은 사무실에 있어.

→

⑧ 아이들은 학교에 있어요.

→

⑨ 나는 집에 가는 길이야.

→

⑩ 나는 사무실로 가는 길이야.

→

① Ich bin Julia.

② Bist du Koreaner?

③ Sind Sie Frau Hartmann?

④ Er ist Ingenieur.

⑤ Wir sind müde.

⑥ Seid ihr in Ordnung?

⑦ Sie sind im Büro.

⑧ Die Kinder sind in der Schule.

⑨ Ich bin auf dem Weg nach Hause.

⑩ Ich bin auf dem Weg ins Büro.

MEMO 틀린 문장이 있을 경우 아래에 몇 번씩 반복해서 써보세요.

LEKTION 02

독일어 소유관사
이해하기

Mein Name ist Julia.

내 이름은 Julia야.

① mein+명사 = 나의 ~

mein과 같은 소유관사는 뒤에 오는 명사에 따라 형태가 변합니다. [1격 기준]

남성 명사 앞	여성 명사 앞	중성 명사 앞	복수 명사 앞
mein	meine	mein	meine

② m. Name = 이름 → mein Name = 나의(내) 이름 [1격]

Mein Name ist Julia. = 내 이름은 Julia야.

MP3 듣고 따라 말하며 세 번씩 써보기　　　　　　　　　🎧 mp3 027

①

②

③

응용해서 써본 후 MP3 듣고 따라 말하기　　　　　　　　🎧 mp3 028

① 내 (성 앞의) 이름은 Peter야. [(성 앞의) 이름 = m. Vorname]

→

② 내 성은 Kim이야. (= 나는 Kim 씨야.). [성 = m. Nachname]

→

① Mein Vorname ist Peter.
② Mein Nachname ist Kim.

Meine Freundin ist Lehrerin.

내 여자 친구는 선생님이야.

① f. Freundin = (여자인) 친구; 여자 친구

meine Freundin = 나의(내) 여자 친구 [1격]

→ Freundin은 여성 명사이니 소유관사가 meine와 같은 형태가 되어야 합니다.

② '직업·국적'을 말할 땐 관사를 붙이지 않고 성별을 구분해서 말한다고 배웠죠?

Lehrer(남자)-Lehrerin(여자) = 선생님

Meine Freundin ist Lehrerin. = 내 여자 친구는 선생님이야.

MP3 듣고 따라 말하며 세 번씩 써보기　　　　　　　　　🎧 mp3 029

① _____

② _____

③ _____

응용해서 써본 후 MP3 듣고 따라 말하기　　　　　　　　　🎧 mp3 030

① 내 남자 친구는 선생님이야. [친구; 남자 친구 = m. Freund]

　→ _____

② 내 여자 친구는 승무원이야. [승무원 = Flugbegleiter(남성)-Flugbegleiterin(여성)]

　→ _____

---

① Mein Freund ist Lehrer.

② Meine Freundin ist Flugbegleiterin.

Mein Hobby ist Sport.

나의 취미는 운동이야.

① n. Hobby = 취미 → mein Hobby = 나의 취미(는·가) [1격]

    m. Sport = 운동 → Mein Hobby ist Sport. = 나의 취미는 운동이야.

    *'취미가 ~이다'라고 말할 때 '취미' 앞엔 관사를 붙이지 않고 말합니다.

② 'A und B(A와 B)'라는 표현으로 취미를 2개 이상 말할 수도 있습니다.

    pl. Hobbys = 취미들 → meine Hobbys = 나의 취미들(은·이) [1격]

    Meine Hobbys sind A und B. = 나의 취미(들)는 A와 B야.

MP3 듣고 따라 말하며 세 번씩 써보기　　　　　　　　　　　　🎧 mp3 031

①

②

③

응용해서 써본 후 MP3 듣고 따라 말하기　　　　　　　　　　　🎧 mp3 032

① 나의 취미는 수영이야. [수영 = n. Schwimmen]

  →

② 나의 취미는 운동과 독서야. [독서 = n. Lesen]

  →

---

① Mein Hobby ist Schwimmen.

② Meine Hobbys sind Sport und Lesen.

Mein Traumberuf ist Arzt.

나의 장래 희망은 의사야.

① m. Traum = 꿈 → Traum+명사 = 꿈의(꿈꾸는) ~

　m. Beruf = 직업 → Traumberuf = 꿈의(꿈꾸는) 직업 (= 장래 희망)

② 'Traum+명사' 앞에 소유관사가 올 경우, 소유관사의 형태는 Traum 뒤에 나오는 명사의 성에 따라 결정됩니다.

　mein Traumberuf = 나의 장래 희망(은·이) [1격] / m. Arzt = 의사

　Mein Traumberuf ist Arzt.= 나의 장래 희망은 의사야.

MP3 듣고 따라 말하며 세 번씩 써보기　　　　　　　　　　🎧 mp3 033

①

②

③

응용해서 써본 후 MP3 듣고 따라 말하기　　　　　　　　　🎧 mp3 034

① 내가 꿈꾸는 집은 커(큰 집이야). [집 = n. Haus, 큰 = (adj.) groß]

　→

② 나의 꿈의 차는 포르쉐야. [자동차 = n. Auto, 포르쉐 = Porsche]

　→

---

① Mein Traumhaus ist groß.

② Mein Traumauto ist Porsche.

Meine Lieblingsband sind Beatles.

내가 가장 좋아하는 그룹은 Beatles야.

① Lieblings+명사 = 가장 좋아하는 ~ / f. Band = 밴드, 악단

　Lieblingsband = 가장 좋아하는 밴드(그룹)

　meine Lieblingsband = 나의 가장 좋아하는 그룹(은·이) [1격]

② 'Lieblings+명사' 앞 소유관사의 형태는 Lieblings 뒤에 오는 명사의 성격에 따라 결정됩니다. 그리고 Beatles라는 그룹은 독일어에서 '복수'로 취급하기 때문에 Lieblingsband 뒤엔 ist가 아닌 sind가 와야 합니다.

MP3 듣고 따라 말하며 세 번씩 써보기	🎧 mp3 035

①

②

③

응용해서 써본 후 MP3 듣고 따라 말하기	🎧 mp3 036

① 내가 가장 좋아하는 색은 파란색이야. [색 = f. Farbe, 파란 = (adj.) blau]

→

② 내가 가장 좋아하는 책은 데미안이야. [책 = n. Buch, 데미안 = Demian]

→

> ① Meine Lieblingsfarbe ist blau.
> ② Mein Lieblingsbuch ist Demian.

Deine Tochter ist hübsch.

너의 딸은 예쁘구나.

① 소유관사엔 'mein(나의)'만 있는 것이 아니겠죠? 소유관사 '너의'는 'dein'이라고 하며, 'dein' 역시 명사별로 아래와 같이 형태가 변합니다. [1격 기준]

[dein+남성 / deine+여성 / dein+중성 / deine+복수]

f. Tochter = 딸 → deine Tochter = 너의 딸

② (adj.) hübsch = 예쁜; 매력적인

Deine Tochter ist hübsch. = 너의 딸은 예쁘구나.

MP3 듣고 따라 말하며 세 번씩 써보기	🎧 mp3 037

①

②

③

응용해서 써본 후 MP3 듣고 따라 말하기	🎧 mp3 038

① 너의 아들은 영리하구나. [아들 = m. Sohn, 영리한 = (adj.) klug]

→

② 너의 아이들은 활동적이구나. [스포츠로 단련된; 활동적인 = (adj.) sportlich]

→

① Dein Sohn ist klug.

② Deine Kinder sind sportlich.

Sein Bruder ist sehr klug.

그의 형은 정말 영리해.

① 'sein(그(것)의), ihr(그녀의)' 경우 아래와 같이 명사별로 형태가 변합니다. [1격 기준]

[sein·ihr+남성 / seine·ihre+여성 / sein·ihr+중성 / seine·ihre+복수]

m. Bruder = 형·오빠·남동생; 형제 → sein Bruder = 그의 형·남동생

② (adv.) sehr = 매우, 정말

sehr+형용사 = 매우(정말) ~한

Sein Bruder ist sehr klug. = 그의 형은 정말 영리해.

MP3 듣고 따라 말하며 세 번씩 써보기　　　　　　　　　　🎧 mp3 039

①

②

③

응용해서 써본 후 MP3 듣고 따라 말하기　　　　　　　　　　🎧 mp3 040

① 그의 누나는 정말 예뻐. [누나·언니·여동생; 자매 = f. Schwester]

→

② 그녀의 오빠는 정말 친절해. [친절한 = (adj.) nett]

→

① Seine Schwester ist sehr hübsch.

② Ihr Bruder ist sehr nett.

Unsere Eltern sind ziemlich konservativ.

우리 부모님은 상당히 보수적이셔.

① 'unser(우리의)' 경우 아래와 같이 명사별로 형태가 변합니다. [1격 기준]

[unser+남성 / unsere+여성 / unser+중성 / unsere+복수]

pl. Eltern = 부모님 → unsere Eltern = 우리의 부모님

② (adv.) ziemlich = 상당히 / ziemlich+형용사 = 상당히 ~한

(adj.) konservativ = 보수적인

Unsere Eltern sind ziemlich konservativ. = 우리 부모님은 상당히 보수적이셔.

MP3 듣고 따라 말하며 세 번씩 써보기	∩ mp3 041

①

②

③

응용해서 써본 후 MP3 듣고 따라 말하기	∩ mp3 042

① 우리 도시는 상당히 커. [도시 = f. Stadt, 큰 = (adj.) groß]

→

② 우리 학교는 상당히 엄해. [학교 = f. Schule, 엄(격)한 = (adj.) streng]

→

---

① Unsere Stadt ist ziemlich groß.

② Unsere Schule ist ziemlich streng.

Das ist euer Zimmer.

여기가 너희들 방이야.

① 'euer(너희의)' 경우 아래와 같이 명사별로 형태가 변합니다. [1격 기준]

[euer+남성 / *eure+여성 / euer+중성 / *eure+복수] (*euere가 아니니 주의!)

n. Zimmer = 방 → euer Zimmer = 너희들의 방

② Das ist 명사(1격). = 그·이·저것은 ~이다.

→ 위에서 'das'는 '그·이·저것'과 같이 대상을 지칭하는 표현입니다.

Das ist euer Zimmer. = 이것은(여기가) 너희들 방이야.

MP3 듣고 따라 말하며 세 번씩 써보기   🎧 mp3 043

①

②

③

응용해서 써본 후 MP3 듣고 따라 말하기   🎧 mp3 044

① 그건 너희들 잘못이야. [과실, 잘못; 책임 = f. Schuld]

→

② 너희 집 멋지다. [집 = n. Haus, 멋진·아름다운 = (adj.) schön]

→

---

① Das ist eure Schuld.

② Euer Haus ist schön.

Ist das Ihr Vater?

이분이 당신 아버지인가요?

① 'ihr(그들의), Ihr(당신(들)의)' 경우 아래와 같이 명사별로 형태가 변합니다. [1격 기준]

[ihr · Ihr +남성 / ihre · Ihre+여성 / ihr · Ihr+중성 / ihre · Ihre+복수]

m. Vater = 아버지 → Ihr Vater = 당신의 아버지

② 'Das ist ~'에서 'das'는 사람을 그·이·저 사람'이라고 지칭할 때에도 씁니다.

Das ist 사람(1격). = 그·이·저 사람은 ~이다.

Ist das Ihr Vater? = 이 사람이(이분이) 당신 아버지인가요?

MP3 듣고 따라 말하며 세 번씩 써보기	mp3 045

①

②

③

응용해서 써본 후 MP3 듣고 따라 말하기	mp3 046

① 이분이 당신 어머니인가요?

→

② 당신 부모님께서는 정말 친절하세요.

→

① Ist das Ihre Mutter?

② Ihre Eltern sind sehr nett.

01. 앞서 배운 내용 중 주요 문법 및 표현을 정리해 봅시다.

☐ 소유관사의 형태 [1격 기준]

소유관사 역시 앞서 배웠던 정관사·부정관사와 동일한 규칙으로 명사별 격 변화를 합니다. 아래
는 소유관사의 명사별 격 변화를 표로 정리한 것입니다.

(1격 기준)

	남성 명사 앞	여성 명사 앞	중성 명사 앞	복수 명사 앞
나의	mein	meine	mein	meine
너의	dein	deine	dein	deine
그(것)의	sein	seine	sein	seine
그녀의	ihr	ihre	ihr	ihre
우리의	unser	unsere	unser	unsere
너희의	euer	eure	euer	eure
그(것)들의	ihr	ihre	ihr	ihre
당신(들)의	Ihr	Ihre	Ihr	Ihre

☐ 주요 표현 총정리

· Lieblings+명사 = 가장 좋아하는 ~

 f. Band = 밴드; 악단 → Lieblingsband = 가장 좋아하는 밴드(그룹)

· sehr+형용사 = 매우(정말) ~한 / ziemlich +형용사 = 상당히 ~한

 sehr klug = 정말 영리한 / ziemlich konservativ = 상당히 보수적인

· Das ist 명사(1격). = 그·이·저것은(그·이·저 사람은) ~이다.

 Das ist mein Zimmer. = 여긴 내 방이야.

 Das ist meine Mutter. = 이분은 저의 어머니세요.

02. 앞서 배운 문장을 독일어로 쓸 수 있는지 테스트를 통해 확인해 보세요. (정답 p.054)

① 내 이름은 Julia야.

→

② 내 여자 친구는 선생님이야.

→

③ 나의 취미는 운동이야.

→

④ 나의 장래 희망은 의사야.

→

⑤ 내가 가장 좋아하는 그룹은 Beatles야.

→

⑥ 너의 딸은 예쁘구나.

→

⑦ 그의 형은 정말 영리해.

→

⑧ 우리 부모님은 상당히 보수적이셔.

→

⑨ 여기가 너희들 방이야.

→

⑩ 이분이 당신 아버지인가요?

→

① Mein Name ist Julia.

② Meine Freundin ist Lehrerin.

③ Mein Hobby ist Sport.

④ Mein Traumberuf ist Arzt.

⑤ Meine Lieblingsband sind Beatles.

⑥ Deine Tochter ist hübsch.

⑦ Sein Bruder ist sehr klug.

⑧ Unsere Eltern sind ziemlich konservativ.

⑨ Das ist euer Zimmer.

⑩ Ist das Ihr Vater?

MEMO 틀린 문장이 있을 경우 아래에 몇 번씩 반복해서 써보세요.

LEKTION 03

독일어 형용사 이해하기

Das ist ein schönes Zimmer.

이것은 예쁜 방이다. (이 방 예쁘다.)

① [부정관사+형용사+명사]에서 형용사는 아래와 같이 형태가 변합니다. [1격 기준]

[ein+형용사-er+남성 / eine+형용사-e+여성 / ein+형용사-es+중성]

② n. Zimmer = 방 / (adj.) schön = 아름다운, 예쁜, 멋진, 훌륭한

ein Zimmer = (한 개의) 방 [1격 기준]

ein schönes Zimmer = (한 개의) 예쁜 방 [1격 기준]

Das ist ein schönes Zimmer. = 이것은 (한 개의) 예쁜 방이다.

MP3 듣고 따라 말하며 세 번씩 써보기　　　　　　　　　　　🎧 mp3 047

①

②

③

응용해서 써본 후 MP3 듣고 따라 말하기　　　　　　　　　　　🎧 mp3 048

① 그거 좋은 생각이다. [좋은 = (adj.) gut, 생각 = f. Idee]

→

② 그는 좋은 사람이에요. [사람, 인간 = m. Mensch]

→

---

① Das ist eine gute Idee.

② Er ist ein guter Mensch.

Das ist mein neuer Kollege, Markus.

여긴 저의 새로운 동료, Markus예요.

① [소유관사+형용사+명사]에서 형용사는 아래와 같이 형태가 변합니다. [1격 기준]

   [소유관사+형용사-er+남성 / 소유관사+형용사-e+여성

   소유관사+형용사-es+중성 / 소유관사+형용사-en+복수]

② m. Kollege = 동료 / (adj.) neu = 새로운

   Das ist mein Kollege. = 여긴 저의 동료예요.

   Das ist mein neuer Kollege, Markus. = 여긴 저의 새로운 동료, Markus예요.

MP3 듣고 따라 말하며 세 번씩 써보기	∩ mp3 049

①

②

③

응용해서 써본 후 MP3 듣고 따라 말하기	∩ mp3 050

① 이건 나의 새로운 차야. (= 이거 새로 산 차야.) [자동차 = n. Auto]

  →

② 그녀는 내 가장 오랜 친구야. [가장 오랜 = (adj.) ältest, (여자) 친구 = f. Freundin]

  →

---

① Das ist mein neues Auto.

② Sie ist meine älteste Freundin.

Das sind gute Nachrichten.

그거 좋은 소식이다.

① [(관사 없이) 형용사+명사]에서 형용사는 아래와 같이 형태가 변합니다. [1격 기준]

[형용사-er+남성 / 형용사-e+여성 / 형용사-es+중성 / 형용사-e+복수]

pl. Nachrichten = 소식 → gute Nachrichten = 좋은 소식

② 'das'는 '3인칭 복수' 주어로서도 쓰일 수 있습니다.

Das sind gute Nachrichten. = 그거 좋은 소식이다.

＊보너스! 'sehr+형용사'라고 하면 '정말 ~한'이라고 강조하는 표현이 됩니다.

MP3 듣고 따라 말하며 세 번씩 써보기　　　　　　　　　　　　🎧 mp3 051

①

②

③

응용해서 써본 후 MP3 듣고 따라 말하기　　　　　　　　　　　🎧 mp3 052

① 이거 정말 예쁜 신발이다. [(한 켤레의) 신발 = pl. Schuhe]

→

② 그들은 정말 좋은 사람들이야. [사람들 = pl. Menschen]

→

---

① Das sind sehr schöne Schuhe.

② Sie sind sehr gute Menschen.

Das ist der schnellste Weg.

이게 가장 빠른 길이에요.

① [정관사+형용사+명사]에서 형용사는 아래와 같이 형태가 변합니다. [1격 기준]

[정관사+형용사-e+남성·여성·중성 / 정관사+형용사-en+복수]

② 형용사의 '비교급(더 ~한), 최상급(가장 ~한)'은 아래와 같은 규칙으로 만듭니다.

원형 형용사 - **비교급** 형용사-er - **최상급** 형용사-st

원형 schnell(빠른) - **비교급** schneller(더 빠른) - **최상급** schnellst(가장 빠른)

Das ist der schnellste Weg. = 이게 가장 빠른 길이에요.

MP3 듣고 따라 말하며 세 번씩 써보기	∩ mp3 053

①

②

③

응용해서 써본 후 MP3 듣고 따라 말하기	∩ mp3 054

① 여긴 한국에서 가장 아름다운 도시야. [도시 = f. Stadt, 한국에서 = in Korea]

→

② 여긴 한국에서 가장 비싼 호텔이야. [호텔 = n. Hotel, 비싼 = (adj.) teuer]

→

① Das ist die schönste Stadt in Korea.

② Das ist das teuerste Hotel in Korea.

Das ist mein älterer Bruder, Peter.

여긴 저의 형, Peter예요.

① 대부분의 단음절 형용사들은 모음 'a/o/u'가 비교급·최상급에서 ä/ö/ü로 변하며, 형용사의 끝이 '-t/d/s/z/sch/ß'일 땐 최상급이 '형용사-est'와 같이 됩니다.

② `원형` alt(나이 든) - `비교급` älter(더 나이 든) - `최상급` ältest(가장 나이 든)

→ 비교급·최상급에서 모음 'a → ä'로 변화

→ 형용사의 어미가 '-t'로 끝나므로 최상급 어미는 '-est'

Das ist mein älterer Bruder, Peter. = 여긴 저의 형, Pter예요.

MP3 듣고 따라 말하며 세 번씩 써보기   🎧 mp3 055

①

②

③

응용해서 써본 후 MP3 듣고 따라 말하기   🎧 mp3 056

① 여긴 저의 남동생, Alex예요. [어린 = (adj.) jung (비교급·최상급에서 u→ü)]

→

② 여긴 저의 막내딸, Julia예요.

→

---

① Das ist mein jünger Bruder, Alex.

② Das ist meine jüngste Tochter, Julia.

Das ist das größte Problem.

그게 가장 큰 문제예요.

① 일부 형용사들은 비교급·최상급이 아래와 같이 불규칙하게 변합니다.

[원형] gut(좋은) - [비교급] besser(더 좋은) - [최상급] best(최고인, 최선인)

[원형] groß(큰) - [비교급] größer(더 큰) - [최상급] größt(가장 큰)

[원형] hoch(높은) - [비교급] höher(더 높은) - [최상급] höchst(가장 높은)

② n. Problem = 문제(점)

Das ist das größte Problem. = 그게 가장 큰 문제예요.

MP3 듣고 따라 말하며 세 번씩 써보기　　　　　　　　　　🎧 mp3 057

① _____

② _____

③ _____

응용해서 써본 후 MP3 듣고 따라 말하기　　　　　　　　　🎧 mp3 058

① 이게 최선의 방법이에요.

→ _____

② 이건 한국에서 가장 높은 빌딩이에요. [건물, 빌딩 = n. Gebäude]

→ _____

---

① Das ist der beste Weg.

② Das ist das höchste Gebäude in Korea.

Das ist besser als gar nichts.

그게 아예 아무것도 없는 것보단 나아.

① als+비교 대상 = ~보다

　형용사(비교급)+als+비교 대상 = ~보다 더 ~한

② nichts = 아무것도 아닌·없는 (것) / gar = 전혀, 결코

　gar nichts = 전혀 아무것도 아닌·없는 (것)

　Das ist besser als gar nichts. = 그게 아예 아무것도 없는 것보단 나아.

　*보너스! 'viel+형용사(비교급)'이라고 하면 '훨씬 더 ~한'이라는 표현이 됩니다.

MP3 듣고 따라 말하며 세 번씩 써보기	∩ mp3 059

①

②

③

응용해서 써본 후 MP3 듣고 따라 말하기	∩ mp3 060

① 그녀는 나보다 (키가) 훨씬 커.

　→

② 그는 나보다 나이가 훨씬 많아.

　→

① Sie ist viel größer als ich.
② Er ist viel älter als ich.

Das ist das Wichtigste.

그게 가장 중요해.

① 주어+sein+정관사+형용사(최상급)-e. = 주어가 가장 ~(한 것)이다.

'형용사(최상급)' 앞에 정관사가 있으므로 '형용사(최상급)-e'와 같은 형태가 되어야 하며 (p.059 참고), 표현 자체가 '가장 ~(한 것)'과 같이 명사적인 의미로 해석되므로 형용사(최상급)의 앞 글자를 명사와 같이 '대문자'로 표기합니다.

② (adj.) wichtig = 중요한 → (최상급) wichtigst = 가장 중요한

Das ist das Wichtigste. = 그게 가장 중요한 것이다. (= 그게 가장 중요해.)

MP3 듣고 따라 말하며 세 번씩 써보기　　　　　　　　　🎧 mp3 061

①

②

③

응용해서 써본 후 MP3 듣고 따라 말하기　　　　　　　　　🎧 mp3 062

① 그게 가장 최선이야.

　→

② 그가 가장 나이가 많아.

　→

---

① Das ist das Beste.

② Er ist der Älteste.

Das ist kein Problem.

그건 문제가 아니야.

① kein+명사 = ~이·가 아닌(없는) 상태

kein은 '부정관사를 동반하는 명사, 관사 없이 쓰이는 명사'를 부정할 때 사용하며, kein 역시 뒤에 오는 명사에 따라 아래와 같이 형태가 변합니다. [1격 기준]

[kein+남성 / keine+여성 / kein+중성 / keine+복수]

② Das ist kein Problem. = 그건 문제가 아닌 상태이다.

→ 위의 말은 결국 '그건 문제가 아니야'라고 해석 가능합니다.

MP3 듣고 따라 말하며 세 번씩 써보기   🎧 mp3 063

①

②

③

응용해서 써본 후 MP3 듣고 따라 말하기   🎧 mp3 064

① 그건 해결책이 아니야. [해당, 해결(책); 열쇠 = f. Lösung]

→

② 이건 비밀이 아니야. [비밀 = n. Geheimnis]

→

---

① Das ist keine Lösung.

② Das ist kein Geheimnis.

Das ist keine gute Idee.

그건 좋은 생각이 아니야.

① [kein(e)+형용사+명사]에서 형용사는 아래와 같이 형태가 변합니다. [1격 기준]

[kein+형용사-er+남성 / keine+형용사-e+여성

kein+형용사-es+중성 / keine+형용사-en+복수]

→ kein일 때 역시 (부)정관사와 동일한 규칙으로 형용사의 형태가 변합니다.

② f. Idee = 생각, 아이디어

Das ist keine gute Idee. = 그건 좋은 생각이 아니야.

MP3 듣고 따라 말하며 세 번씩 써보기 🎧 mp3 065

① _____

② _____

③ _____

응용해서 써본 후 MP3 듣고 따라 말하기 🎧 mp3 066

① 이거 좋은 징조가 아니야. [신호; 표시; 징조 = n. Zeichen]

→ _____

② 이건 큰 손실은 아니야. [손실, 손해 = m. Verlust]

→ _____

① Das ist kein gutes Zeichen.

② Das ist kein großer Verlust.

01. 앞서 배운 내용 중 주요 문법 및 표현을 정리해 봅시다.

□ 형용사의 변화 규칙 [1격 기준]

형용사가 관사와 명사 사이에 있을 땐 아래와 같이 형태가 변합니다.

(1격 기준)

	남성 명사 앞	여성 명사 앞	중성 명사 앞	복수 명사 앞
부정관사 뒤	guter	gute	gutes	X
소유관사 뒤	guter	gute	gutes	guten
정관사 뒤	gute	gute	gute	guten
관사 X	guter	gute	gutes	gute

□ 명사를 부정하는 kein

kein+명사 = ~이·가 아닌(없는) 상태 (형용사가 kein과 명사 사이에 있을 경우, (부)정관사
일 때와 동일한 규칙으로 형용사의 형태가 변합니다.)

(1격 기준)

	남성 명사 앞	여성 명사 앞	중성 명사 앞	복수 명사 앞
kein 뒤	guter	gute	gutes	guten

□ 형용사의 비교급·최상급

• 규칙 변화: 원형 형용사 비교급 형용사-er 최상급 형용사-st
 (ex) schnell(빠른) - schneller(더 빠른) - schnellst(가장 빠른)
• 규칙 변화 형용사 중 대부분의 단음절 형용사들은 어간의 모음이 'a/o/u→ä/ö/ü'
 그리고 형용사의 어미가 '-t/d/s/z/sch/ß'일 땐 최상급이 '형용사-est'
 (ex) alt(나이 든) - älter(더 나이 든) - ältest(가장 나이 든)
• 불규칙 변화: (ex) gut(좋은) - besser(더 좋은) - best(가장 좋은)

02. 앞서 배운 문장을 독일어로 쓸 수 있는지 테스트를 통해 확인해 보세요. (정답 p.068)

① 이것은 예쁜 방이다.

→

② 여긴 저의 새로운 동료, Markus예요.

→

③ 그거 좋은 소식이다.

→

④ 이게 가장 빠른 길이에요.

→

⑤ 여긴 저의 형, Peter예요.

→

⑥ 그게 가장 큰 문제예요.

→

⑦ 그게 아예 아무것도 없는 것보단 나아.

→

⑧ 그게 가장 중요해.

→

⑨ 그건 문제가 아니야.

→

⑩ 그건 좋은 생각이 아니야.

→

① Das ist ein schönes Zimmer.

② Das ist mein neuer Kollege, Markus.

③ Das sind gute Nachrichten.

④ Das ist der schnellste Weg.

⑤ Das ist mein älterer Bruder, Peter.

⑥ Das ist das größte Problem.

⑦ Das ist besser als gar nichts.

⑧ Das ist das Wichtigste.

⑨ Das ist kein Problem.

⑩ Das ist keine gute Idee.

MEMO 틀린 문장이 있을 경우 아래에 몇 번씩 반복해서 써보세요.

LEKTION 04

독일어 동사
이해하기

Ich wohne in Seoul.

나는 서울에 살아.

① 대부분의 독일어 일반 동사들은 주어별로 '어미(-en)'가 아래와 같은 규칙으로 변합니다.

ich	-e	wir	-en
du	-st	ihr	-t
er/sie/es	-t	sie/Sie	-en

② wohnen = 살다 / in+도시명 = ~(라는 이름의 도시)에서

Ich <u>wohne</u> in Seoul. = 나는 서울에 <u>살아</u>.

MP3 듣고 따라 말하며 세 번씩 써보기	🎧 mp3 067

①

②

③

응용해서 써본 후 MP3 듣고 따라 말하기	🎧 mp3 068

① 그는 부산에 살아.

→

② 그들은 Hamburg에 살아.

→

① Er wohnt in Busan.

② Sie wohnen in Hamburg.

Sie wohnt im Erdgeschoss.

그녀는 1층에 살아.

① n. Erdgeschoss = 1층 / in+명사(3격) = ~(안)에

in dem Erdgeschoss = 1층에 (in dem→im으로 축약 가능하다고 배웠죠?)

② 주어를 달리하며 동사를 변형시켜 말하는 연습을 해 보세요.

Ich wohne im Erdgeschoss. = 나는 1층에 살아.

Sie wohnt im Erdgeschoss. = 그녀는 1층에 살아.

Wir wohnen im Erdgeschoss. = 우리는 1층에 살아.

MP3 듣고 따라 말하며 세 번씩 써보기	∩ mp3 069

①

②

③

응용해서 써본 후 MP3 듣고 따라 말하기	∩ mp3 070

① 너는 여기에 사니? [이곳에(서), 여기에(서) = (adv.) hier]

→

② 우리는 중심가에 살아. [중심(부·가); 도심 = n. Zentrum]

→

① Wohnst du hier?

② Wir wohnen im Zentrum.

Spielst du gern Fußball?

너 축구하는 거 좋아하니?

① spielen = (스포츠를) 하다; (악기를) 연주하다 / m. Fußball = 축구

　　[평서문] Ich spiele Fußball. = 나는 축구를 해. (스포츠명 앞에 관사 안 붙임)

　　[의문문] Spielst du Fußball? = 너는 축구를 하니?

② 동사+gern = 즐겨 ~하다 (결국 `~하는 걸 좋아하다'라는 뜻)

　　Ich spiele gern Fußball. = 나는 축구하는 걸 좋아해.

　　Spielst du gern Fußball? = 너는 축구하는 걸 좋아하니?

MP3 듣고 따라 말하며 세 번씩 써보기　　　　　　　🎧 mp3 071

①

②

③

응용해서 써본 후 MP3 듣고 따라 말하기　　　　　　　🎧 mp3 072

① 너희 골프 치는 거 좋아하니? [골프 = n. Golf]

　→

② 나는 기타 치는 걸 좋아해. [기타 = f. Gitarre (악기명 앞에 관사 안 붙임)]

　→

---

① Spielt ihr gern Golf?

② Ich spiele gern Gitarre.

Ich stehe früh auf.

나는 일찍 일어나.

① auf I stehen = 일어나다; 일어서다

독일어엔 위와 같이 '접두어(분리 전철)+기본 동사'로 된 '분리 동사'라는 것들이 존재하며, 문장
에서 이러한 분리 동사를 쓸 경우 분리 전철을 문장 맨 끝으로 보냅니다.

② (adv.) früh = 일찍

Ich aufstehe früh. (X)

Ich stehe früh auf. (O) = 나는 일찍 일어나.

MP3 듣고 따라 말하며 세 번씩 써보기 　　　　　　　　　　　　🎧 mp3 073

①

②

③

응용해서 써본 후 MP3 듣고 따라 말하기 　　　　　　　　　　　🎧 mp3 074

① 그는 곧 돌아올 거야. [곧 = (adv.) bald, 돌아오다 = zurückIkommen]

→

② 나는 오늘 한가해. [오늘 = (adv.) heute, 한가하다 = freiIhaben]

→

---

① Er kommt bald zurück.

② Ich habe heute frei.

Ich bekomme einen Anruf.

나 전화 받고 있어.

---

① bekommen = 얻다, 받다; 획득하다; 생기다

분리 동사 외에도 '접두어(비분리 전철)+기본 동사'로 된 '비분리 동사'라는 것들이 존재하며, 비분리 동사의 전철은 따로 분리해서 쓰지 않습니다.

② bekommen+명사(4격) = ~을·를 얻다(받다) / m. Anruf = 전화

bekommen+einen Anruf (4격) = (한 통의) 전화를 받다

Ich bekomme einen Anruf. = 나 (한 통의) 전화를 받고 있어.

MP3 듣고 따라 말하며 세 번씩 써보기　　　　　　　　　　🎧 mp3 075

①

②

③

응용해서 써본 후 MP3 듣고 따라 말하기　　　　　　　　🎧 mp3 076

① 나는 돈을 많이 벌어. [많은 = (adj.) viel, 돈 = n. Geld (→ 앞에 관사 안 붙임.)]

→

② 그녀는 (한 명의) 아기를 얻게 돼.(= 그녀는 아기를 낳아.) [아기 = n. Baby]

→

| ① Ich bekomme viel Geld. |
| ② Sie bekommt ein Baby. |

Sitzt du noch am Computer?

너 아직도 컴퓨터 앞에 앉아 있니?

① 동사 어간이 '-s/-ß/-x/-z'로 끝날 경우, 2인칭 단수 주어(du)일 때 '-st'에서 s가 탈락되어 '-t'와 같은 형태가 됩니다. 아래 예시를 통해 살펴볼까요?

sitzen = 앉다 → (주어가 du일 때) sitzst (X) → sitzt (O)

② an+명사(3격) = ~(가)에 / m. Computer = 컴퓨터 / (adv.) noch = 아직도

Sitzt du noch an dem Computer? = 너 아직도 컴퓨터 가(앞)에 앉아 있어?

→ an dem은 am으로 축약 가능합니다.

MP3 듣고 따라 말하며 세 번씩 써보기	🎧 mp3 077

①

②

③

응용해서 써본 후 MP3 듣고 따라 말하기	🎧 mp3 078

① 나 책상 앞에 앉아 있어. [책상 = m. Tisch]

→

② 너는 여행하는 걸 좋아하니? [여행하다 = reisen]

→

① Ich sitze am Tisch.

② Reist du gern?

75

Arbeitest du bei BMW?

너 BMW에서 일해?

① 동사 어간이 '-d/-t/-chn/-fn/-gn/-dm/-tm'로 끝날 경우, 2·3인칭 단수 주어와 2인칭 복수 주어일 때 '-est / -et'와 같은 형태가 됩니다.

arbeiten = 일하다 | du → arbeitst (X) / arbeitest (O)
| er/sie/es, ihr → arbeitt (X) / arbeitet (O)

② bei+직장명 = ~(라는 직장)에서 → 직장명 앞엔 관사를 붙이지 않습니다.

Arbeitest du bei BMW? = 너 BMW에서 일해?

MP3 듣고 따라 말하며 세 번씩 써보기 　　　　　　　　　　　　　　 🎧 mp3 079

①

②

③

응용해서 써본 후 MP3 듣고 따라 말하기 　　　　　　　　　　　　　　 🎧 mp3 080

① 나는 Lufthansa에서 일해.

→

② 그녀는 제빵사로 일해. [~(으)로 = als+(관사 없이)직업명, 여자 제빵사 = Bäckerin]

→

① Ich arbeite bei Lufthansa.

② Sie arbeitet als Bäckerin.

Du siehst so müde aus.

너 굉장히 피곤해 보여.

① 일부 동사들은 2·3인칭 단수 주어일 때 어간의 장모음 e가 ie로 변합니다.

aus I sehen	du	→ aus I sehst (X) / aus I siehst (O)
~처럼(해) 보이다	er/sie/es	→ aus I seht (X) / aus I sieht (O)

② (adj.) müde = 피곤한 / so+형용사 = 너무(굉장히) ~한

aus I sehen+형용사 = ~해 보이다

Du siehst so müde aus. = 너 굉장히 피곤해 보여.

MP3 듣고 따라 말하며 세 번씩 써보기   🎧 mp3 081

①

②

③

응용해서 써본 후 MP3 듣고 따라 말하기   🎧 mp3 082

① 너 굉장히 심각해 보여. [심각한 = (adj.) ernst]

→

② 그가 너무 슬퍼 보여. [슬픈 = (adj.) traurig]

→

---

① Du siehst so ernst aus.

② Er sieht so traurig aus.

Isst du zu Hause oder auswärts?

너는 집에서 먹니, 밖에서 먹니?

① 일부 동사들은 2·3인칭 단수 주어일 때 어간의 단모음 e가 i로 변합니다.

essen = 먹다 | du → esst (X) / isst (O)
er/sie/es → esst (X) / isst (O)

② zu Hause = 집에서 / auswärts = (집) 밖에서 / A oder B = A 혹은 B

Isst du zu Hause oder auswärts? = 너는 집에서 먹니, 밖에서 먹니?

*참고! 셀 수 없는 명사(음식)를 먹는다고 할 땐 앞에 관사를 붙이지 않습니다.

MP3 듣고 따라 말하며 세 번씩 써보기	🎧 mp3 083

①

②

③

응용해서 써본 후 MP3 듣고 따라 말하기	🎧 mp3 084

① 너는 채소를 즐겨 먹니? [채소 = n. Gemüse]

→

② 난 빵을 즐겨 먹어. [빵 = n. Brot]

→

① Isst du gern Gemüse?

② Ich esse gern Brot.

Er schläft im Nebenzimmer.

그는 옆방에서 자고 있어.

① 일부 동사들은 2·3인칭 단수 주어일 때 어간의 모음 a가 ä로 변합니다.

schlafen = 자다 | du   → schlafst (X) / schläfst (O)
| er/sie/es → schlaft (X) / schläft (O)

② n. Nebenzimmer = 옆방

in dem Nebenzimmer = im Nebenzimmer = 옆방에서

Er schläft im Nebenzimmer. = 그는 옆방에서 자고 있어.

MP3 듣고 따라 말하며 세 번씩 써보기   🎧 mp3 085

①

②

③

응용해서 써본 후 MP3 듣고 따라 말하기   🎧 mp3 086

① 나는 잠을 매우 적게 자. [매우(너무) 적게 = (adv.) zu wenig]

→

② 그는 운전을 너무 빨리 해. [운전하다 = fahren (어간의 a→ä), 빨리 = (adv.) schnell]

→

---

① Ich schlafe zu wenig.

② Er fährt zu schnell.

01. 앞서 배운 내용 중 주요 문법 및 표현을 정리해 봅시다.

☐ 독일의 동사의 형태 변화

① 대부분의 독일어 동사들은 어미가 '-en'으로 끝나고, 주어가 무엇인지에 따라 어미 부분이 아래와 같이 형태가 변화합니다.

wohnen (살다)			
ich	wohne	wir	wohnen
du	wohnst	ihr	wohnt
er/sie/es	wohnt	Sie/sie	wohnen

② 그런데 동사 어간이 '-s/-ß/-x/-z'로 끝날 경우, 2인칭 단수 주어 du일 때 '-st'에서 s가 탈락되어 '-t'와 같은 형태가 됩니다.

sitzen (앉다)			
ich	sitze	wir	sitzen
du	sitzt	ihr	sitzt
er/sie/es	sitzt	Sie/sie	sitzen

③ 또한 동사 어간이 '-d/-t/-chn/-fn/-gn/-dm/-tm'로 끝날 경우, 2·3인칭 단수 주어와 2인칭 복수 주어일 때 '-est / -et'와 같은 형태가 됩니다.

arbeiten (일하다)			
ich	arbeite	wir	arbeiten
du	arbeitest	ihr	arbeitet
er/sie/es	arbeitet	Sie/sie	arbeiten

④ 일부 동사들은 2·3인칭 단수 주어일 때 어간의 장모음 e가 ie로 변합니다.

aus I sehen (~처럼(해) 보이다)			
ich	sehe... aus	wir	sehen... aus
du	siehst... aus	ihr	seht... aus
er/sie/es	sieht... aus	Sie/sie	sehen... aus

⑤ 일부 동사들은 2·3인칭 단수 주어일 때 어간의 단모음 e가 i로 변합니다.

essen (먹다)			
ich	esse	wir	essen
du	isst	ihr	esst
er/sie/es	isst	Sie/sie	essen

⑥ 일부 동사들은 2·3인칭 단수 주어일 때 어간의 a가 ä로 변합니다.

schlafen (자다)			
ich	schlafe	wir	schlafen
du	schläfst	ihr	schlaft
er/sie/es	schläft	Sie/sie	schlafen

□ 분리 동사 & 비분리 동사

분리 동사	분리 전철+기본 동사 → aussehen = ~처럼(해) 보이다 (분리 동사를 문장에서 쓸 경우, 분리 전철을 문장 맨 끝으로 보냅니다.)
비분리 동사	비분리 전철+기본 동사 → bekommen = 얻다, 받다; 획득하다 (비분리 동사는 전철을 따로 분리하지 않고 그대로 사용합니다.)

02. 앞서 배운 문장을 독일어로 쓸 수 있는지 테스트를 통해 확인해 보세요. (정답 p.083)

① 나는 서울에 살아.

→

② 그녀는 1층에 살아.

→

③ 너 축구하는 거 좋아하니?

→

④ 나는 일찍 일어나.

→

⑤ 나 전화 받고 있어.

→

⑥ 너 아직도 컴퓨터 앞에 앉아 있니?

→

⑦ 너 BMW에서 일해?

→

⑧ 너 굉장히 피곤해 보여.

→

⑨ 너는 집에서 먹니, 밖에서 먹니?

→

⑩ 그는 옆방에서 자고 있어.

→

① Ich wohne in Seoul.

② Sie wohnt im Erdgeschoss.

③ Spielst du gern Fußball?

④ Ich stehe früh auf.

⑤ Ich bekomme einen Anruf.

⑥ Sitzt du noch am Computer?

⑦ Arbeitest du bei BMW?

⑧ Du siehst so müde aus.

⑨ Isst du zu Hause oder auswärts?

⑩ Er schläft im Nebenzimmer.

MEMO 틀린 문장이 있을 경우 아래에 몇 번씩 반복해서 써보세요.

LEKTION 05

haben 동사로 말하기

Ich habe einen Sohn.

제겐 아들이 하나 있어요.

① haben = 가지다, 소유하다 → 주어가 2·3인칭 단수일 땐 불규칙 변화를 합니다.

[주어가 du일 때] ha<u>st</u> / [주어가 er/sie/es일 때] ha<u>t</u>

② Ich habe 명사(4격). = 나는 ~을·를 가지고 있다. (= 내겐 ~이·가 있다.)

[1격] <u>ein</u> Sohn = 한 명의 아들(은·이) → [4격] <u>einen</u> Sohn = 한 명의 아들(을)

Ich habe <u>einen Sohn</u>. = 제겐 아들이 하나 있어요.

→ 부정관사의 1~4격 형태는 p.023에 나와 있으니 참고하세요.

MP3 듣고 따라 말하며 세 번씩 써보기	🎧 mp3 087

①

②

③

응용해서 써본 후 MP3 듣고 따라 말하기	🎧 mp3 088

① 너는 (한 대의) 차가 있니? [자동차 = n. Auto]

→

② 저 질문이 하나 있어요. [질문 = f. Frage]

→

> ① Hast du ein Auto?
>
> ② Ich habe eine Frage.

Ich habe Hunger.

나 배고파.

① '배고프다, 목마르다'와 같은 표현도 'haben' 동사로 할 수 있습니다.

m. Hunger = 배고픔 / m. Durst = 목마름

haben+Hunger = 배고픔을 갖고 있다 → 배고프다

haben+Durst = 목마름을 갖고 있다 → 목마르다

② 독일어에선 '배고픔, 사랑, 희망'과 같은 일부 추상명사 앞엔 관사를 붙이지 않습니다.

Ich habe Hunger. = 나 배고픔을 갖고 있어. (= 나 배고파.)

MP3 듣고 따라 말하며 세 번씩 써보기	∩ mp3 089

①

②

③

응용해서 써본 후 MP3 듣고 따라 말하기	∩ mp3 090

① 나 목마르고 배고파.

→

② 너 배고프니?

→

① Ich habe Durst und Hunger.

② Hast du Hunger?

Ich habe Fieber.

나 열이 나.

---

① '질병이 있다'고 할 때에도 'haben' 동사로 말할 수 있으며, 일부 경우를 제외하곤 질병 앞엔 대부분 관사를 붙이지 않고 말합니다.

　　n. Fieber = 열; 열병 → Ich habe <u>Fieber</u>. = 나 열이 있어. (= 나 열이 나.)

② 질병들 중엔 아래와 같이 '복수형'을 써서 말하는 경우도 많습니다.

　　pl. Kopfschmerzen = 두통 / pl. Zahnschmerzen = 치통

　　pl. Bauchschmerzen = 복통

MP3 듣고 따라 말하며 세 번씩 써보기	🎧 mp3 091

①

②

③

응용해서 써본 후 MP3 듣고 따라 말하기	🎧 mp3 092

① 나 머리가 아파.

　→

② 너 배 아파?

　→

---

① Ich habe Kopfschmerzen.

② Hast du Bauchschmerzen?

Ich habe Lust auf einen Kaffee.

나 커피 한잔 하고 싶어.

① f. Lust = 흥미, 욕망, 쾌감

　Ich habe Lust auf 명사(4격). = 나는 ~에 흥미가 있어.

　→ 추상명사 'Lust' 역시 앞에 관사를 붙이지 않고 말합니다.

② m. Kaffee = 커피

　Ich habe Lust auf einen Kaffee. = 나 한잔의 커피에 흥미가 있어.

　→ 위의 말은 결국 '나 커피 한잔 하고 싶어'와 같이 해석 가능합니다.

MP3 듣고 따라 말하며 세 번씩 써보기	🎧 mp3 093

①

②

③

응용해서 써본 후 MP3 듣고 따라 말하기	🎧 mp3 094

① 나 나들이 가고 싶어. [소풍, 나들이 = m. Ausflug]

　→

② 너 맥주 한잔 하고 싶니? [맥주 = n. Bier]

　→

---

① Ich habe Lust auf einen Ausflug.

② Hast du Lust auf ein Bier?

Ich habe eine gute Idee.

내게 좋은 생각이 하나 있어.

① 형용사 또한 '격'에 따라 형태가 변화합니다. (1격 변화는 Lektion 3에서 배웠죠?)

		남성 명사 앞	여성 명사 앞	중성 명사 앞	복수 명사 앞
부정관사,	1격	형용사-er	형용사-e	형용사-es	
소유관사	2·3격	형용사-en			
뒤	4격		형용사-e	형용사-es	

② f. Idee = 생각 → [4격] eine gute Idee = 하나의 좋은 생각(을)

MP3 듣고 따라 말하며 세 번씩 써보기　　　　　　　　　　　🎧 mp3 095

①

②

③

응용해서 써본 후 MP3 듣고 따라 말하기　　　　　　　　　　🎧 mp3 096

① 저는 심각한 문제가 하나 있어요. [심각한 = (adj.) ernst]

→

② 그는 남동생이 한 명 있어요. [더 어린 = (adj.) jünger]

→

① Ich habe ein ernstes Problem.

② Er hat einen jüngeren Bruder.

Du hast die beste Stimme.

너는 최고의 목소리를 갖고 있어.

① [정관사+형용사+명사]에선 1격·4격 일부를 빼곤 전부 '형용사-en'의 형태입니다.

		남성 명사 앞	여성 명사 앞	중성 명사 앞	복수 명사 앞
정관사 뒤	1격	형용사-e			
	2·3격	형용사-en			
	4격	형용사-e			

② f. Stimme = 목소리 → [4격] die beste Stimme = 최고의 목소리(를)

MP3 듣고 따라 말하며 세 번씩 써보기　　　　　　　　　🎧 mp3 097

①

②

③

응용해서 써본 후 MP3 듣고 따라 말하기　　　　　　　　　🎧 mp3 098

① 내겐 최고의 남자 친구가 있어. [(남자) 친구 = m. Freund]

　→

② 그녀는 가장 아름다운 집을 소유하고 있어. [집 = n. Haus]

　→

---

① Ich habe den besten Freund.

② Sie hat das schönste Haus.

Ich habe gute Nachrichten.

내게 좋은 소식이 있어.

①

		남성 명사 앞	여성 명사 앞	중성 명사 앞	복수 명사 앞
관사 X	1격	형용사-er	형용사-e	형용사-es	형용사-e
	2격	형용사-en	형용사-er	형용사-en	형용사-er
	3격	형용사-em	형용사-er	형용사-em	형용사-en
	4격	형용사-en	형용사-e	형용사-es	형용사-e

② pl. Nachrichten = 소식 → [4격] gute Nachrichten = 좋은 소식(을)

MP3 듣고 따라 말하며 세 번씩 써보기   ∩ mp3 099

①

②

③

응용해서 써본 후 MP3 듣고 따라 말하기   ∩ mp3 100

① 나 심각한 문제들이 있어. [문제들 = pl. Probleme]

→

② 너는 아름다운 눈을 갖고 있어. (= 넌 눈이 아름다워.) [(두 개의) 눈 = pl. Augen]

→

---

① Ich habe ernste Probleme.

② Du hast schöne Augen.

Ich habe keinen Plan.

전 아무 계획 없어요.

① 주어+haben+kein+명사 (4격). = 주어는 ~ 아닌(없는) 상태를 가지고 있다.

→ 위의 말은 결국 '주어에겐 ~이·가 없다'라는 뜻으로 해석 가능합니다.

② kein은 (부)정관사와 동일한 규칙으로 격 변화합니다. (p. 022, 023 참고)

m. Plan = 계획 → [1격] kein Plan / [2격] keines Plan

[3격] keinem Plan / [4격] keinen Plan

→ Ich habe keinen Plan (4격). = 전 아무 계획 없어요.

MP3 듣고 따라 말하며 세 번씩 써보기	🎧 mp3 101

①

②

③

응용해서 써본 후 MP3 듣고 따라 말하기	🎧 mp3 102

① 전 아무런 문제도 없어요.

→

② 넌 배고픔이 없니? (= 너 배 안 고파?)

→

① Ich habe kein Problem.

② Hast du keinen Hunger?

Ich habe keine gute Lösung.

제겐 좋은 해결책이 없어요.

① [kein+형용사+명사]에서 형용사는 [부정관사·소유관사+형용사+명사]일 때와 동일한 규칙
으로 격 변화를 합니다. (p.090 참고)

② f. Lösung = 해결(책), 해당

→ [1격] keine gute Lösung / [2격] keiner guten Lösung

[3격] keinen guten Lösung / [4격] keine gute Lösung

→ Ich habe keine gute Lösung (4격). = 제겐 좋은 해결책이 없어요.

MP3 듣고 따라 말하며 세 번씩 써보기　　　　　　　　　　　　🎧 mp3 103

①

②

③

응용해서 써본 후 MP3 듣고 따라 말하기　　　　　　　　　　　　🎧 mp3 104

① 나 좋은 느낌이 없어. (= 나 안 좋은 기분이 들어.) [감각; 느낌 = n. Gefühl]

→

② 그는 좋은 평판을 갖고 있지 않아. (= 그는 평판이 안 좋아.) [평판 = m. Ruf]

→

---

① Ich habe kein gutes Gefühl.

② Er hat keinen guten Ruf.

Ich habe keine Lust zu reden.

나 얘기할 마음 없어.

① zu+동사원형 = ~하는 것; ~할 → 'zu+동사원형'은 'zu 부정사'라고 하며, zu 부정사는 문장 내에서 문장 '맨 끝'에 위치합니다.

② A(명사)+zu+동사원형 = ~할 A(명사) / reden = 말하다, 이야기하다

Ich habe keine Lust. = 나는 마음(흥미)이 없어.

Ich habe keine Lust zu reden. = 나는 얘기할 마음(흥미)이 없어.

→ 위의 말은 결국 '나 얘기하고 싶지 않아'라고 해석 가능합니다.

MP3 듣고 따라 말하며 세 번씩 써보기   🎧 mp3 105

①

②

③

응용해서 써본 후 MP3 듣고 따라 말하기   🎧 mp3 106

① 우린 낭비할 시간이 없어. [시간 = f. Zeit, 상실하다·잃다 = verlieren]

→

② 너 해야 할 많은 것이 있니? (= 너 할 일 많아?) [많은 (것) = viel, 하다 = tun]

→

① Wir haben keine Zeit zu verlieren.

② Hast du viel zu tun?

01. 앞서 배운 내용 중 주요 문법 및 표현을 정리해 봅시다.

□ haben 동사

haben 동사는 '명사(4격)'을 소유하고 있다고 말할 때 쓸 수 있는 표현이며, 2·3인칭 단수 주어일 땐 아래와 같이 불규칙 변화를 합니다.

(현재 시제 기준)

ich	habe	wir	haben
du	hast	ihr	habt
er/sie/es	hat	Sie/sie	haben

① 어떠한 사물을 소유하고 있다고 할 때

(ex) Ich habe ein Auto. = 나는 차 한 대가 있어.

(ex) Sie hat das schönste Haus. = 그녀는 가장 아름다운 집을 갖고 있어.

② 내 주변에 있는 사람을 소개할 때

(ex) Ich habe einen Sohn. = 제겐 아들이 한 명 있어요.

(ex) Er hat ein jüngeren Bruder. = 그에겐 남동생이 한 명 있어요.

③ 어떠한 느낌·감정이 있다고 할 때

(ex) Ich habe Durst. = 나는 목말라.

(ex) Ich habe Lust auf einen Kaffee. = 나 커피 한 잔이 마시고 싶어.

④ 질병에 걸렸다고 할 때

(ex) Ich habe Fieber. = 나 열이 있어.

(ex) Ich habe Kopfschmerzen. = 나 두통이 있어.

⑤ 소유하고 있지 '않다'고 할 때

(ex) Ich habe keinen Plan. = 나 아무 계획도 없어.

(ex) Ich habe keine gute Lösung. = 내겐 좋은 해결책이 없어.

□ 형용사의 '격' 변화 규칙

① [부정관사 · 소유관사 · kein+형용사+명사]

		남성 명사 앞	여성 명사 앞	중성 명사 앞	복수 명사 앞
부정관사, 소유관사, kein 뒤	1격	형용사-er	형용사-e	형용사-es	
	2격		형용사-en		
	3격				
	4격		형용사-e	형용사-es	

② [정관사+형용사+명사]

		남성 명사 앞	여성 명사 앞	중성 명사 앞	복수 명사 앞
정관사 뒤	1격		형용사-e		
	2격		형용사-en		
	3격				
	4격		형용사-e		

③ [(관사 없이) 형용사+명사]

		남성 명사 앞	여성 명사 앞	중성 명사 앞	복수 명사 앞
관사 X	1격	형용사-er	형용사-e	형용사-es	형용사-e
	2격	형용사-en	형용사-er	형용사-en	형용사-er
	3격	형용사-em	형용사-er	형용사-em	형용사-en
	4격	형용사-en	형용사-e	형용사-es	형용사-e

□ zu 부정사

• 형태: zu+동사원형 = ~하는 것; ~할 (문장 내에서 문장 맨 끝에 위치)

• 사용: (ex) A(명사)+zu+동사원형 = ~할 A(명사)

      Ich habe keine Lust zu reden. = 난 얘기할 마음(흥미)이 없어.

02. 앞서 배운 문장을 독일어로 쓸 수 있는지 테스트를 통해 확인해 보세요. (정답 p.099)

① 제겐 아들이 하나 있어요.

→ _____

② 나 배고파.

→ _____

③ 나 열이 나.

→ _____

④ 나 커피 한잔 하고 싶어.

→ _____

⑤ 내게 좋은 생각이 하나 있어.

→ _____

⑥ 너는 최고의 목소리를 갖고 있어.

→ _____

⑦ 내게 좋은 소식이 있어.

→ _____

⑧ 전 아무 계획 없어요.

→ _____

⑨ 제겐 좋은 해결책이 없어요.

→ _____

⑩ 나 얘기할 마음 없어.

→ _____

① Ich habe einen Sohn.

② Ich habe Hunger.

③ Ich habe Fieber.

④ Ich habe Lust auf einen Kaffee.

⑤ Ich habe eine gute Idee.

⑥ Du hast die beste Stimme.

⑦ Ich habe gute Nachrichten.

⑧ Ich habe keinen Plan.

⑨ Ich habe keine gute Lösung.

⑩ Ich habe keine Lust zu reden.

MEMO 틀린 문장이 있을 경우 아래에 몇 번씩 반복해서 써보세요.

LEKTION 06

독일어 숫자 표현
이해하기

Ich habe zwei Töchter.

제겐 딸이 두 명 있어요.

①

0	1	2	3	4
null	eins	zwei	drei	vier
5	6	7	8	9
fünf	sechs	sieben	acht	neun

② pl. Töchter = 딸들 → zwei Töchter = 딸들 두 명

→ '기수(일, 이, 삼..)'는 뒤에 어떤 명사가 오든 형태가 변하지 않습니다.

MP3 듣고 따라 말하며 세 번씩 써보기　　　　　　　　　🎧 mp3 107

①

②

③

응용해서 써본 후 MP3 듣고 따라 말하기　　　　　　　　　🎧 mp3 108

① 저는 딸 세 명과 아들 하나가 있어요.

→

② 그에겐 아이들이 네 명 있어요. [아이들 = pl. Kinder]

→

---

① Ich habe drei Töchter und einen Sohn.

② Er hat vier Kinder.

Mein Sohn ist 13 Jahre alt.

제 아들은 13살이에요.

①

10	11	12	13	14
zehn	elf	zwölf	dreizehn	vierzehn
15	16	17	18	19
fünfzehn	sechzehn	siebzehn	achtzehn	neunzehn

② n. Jahr = 연, 해 (복수형은 pl. Jahre) → 기수+Jahr(e) alt = ~살인

Mein Sohn ist 13(dreizehn) Jahre alt. = 제 아들은 13살이에요.

MP3 듣고 따라 말하며 세 번씩 써보기　　　　　　　　🎧 mp3 109

①

②

③

응용해서 써본 후 MP3 듣고 따라 말하기　　　　　　　　🎧 mp3 110

① 제 딸은 12살이에요.

→

② 저는 19살이에요.

→

① Meine Tochter ist 12(zwölf) Jahre alt.

② Ich bin 19(neunzehn) Jahre alt.

Ich arbeite 50 Stunden pro Woche.

저는 주당 50시간을 일해요.

①

20	21	22	30
zwanzig	einundzwanzig	zweiundzwanzig	dreißig

40	50	60	70	80	90
vierzig	fünfzig	sechzig	siebzig	achtzig	neunzig

② f. Stunde = 시(간) (복수형은 pl. Stunden) → 기수+Stunde(n) = ~시간

　pro(~마다)+Woche(1주) → pro Woche = (1)주마다 (= 주당)

MP3 듣고 따라 말하며 세 번씩 써보기　　　　　🎧 mp3 111

①

②

③

응용해서 써본 후 MP3 듣고 따라 말하기　　　　　🎧 mp3 112

① 저는 주당 45시간을 일해요.

→

② 저의 어머니께선 78세이십니다.

→

---

① Ich arbeite 45(fünfundvierzig) Stunden pro Woche.

② Meine Mutter ist 78(achtundsiebzig) Jahre alt.

Das kostet 450 Euro.

이건 450유로입니다.

①

100	101	102	160
hundert	hunderteins	hundertzwei	hundertsechzig
200	342		1000
zweihundert	dreihundertzweiundvierzig		(ein)tausend

② kosten+기수 Euro = ~유로(만큼의) 가격이다 (= ~유로이다)

Das kostet 450(vierhundertfünfzig) Euro. = 이건 450유로입니다.

MP3 듣고 따라 말하며 세 번씩 써보기   ◯ mp3 113

①

②

③

응용해서 써본 후 MP3 듣고 따라 말하기   ◯ mp3 114

① 이건 260유로입니다.

→

② 이건 375유로입니다.

→

---

① Das kostet 260(zweihundertsechzig) Euro.

② Das kostet 375(dreihundertfünfundsiebzig) Euro.

Heute ist der 3. Tag.

오늘은 셋째 날이에요.

①

1.(첫째)	2.(둘째)	3.(셋째)	4.(넷째)	5.(다섯째)
erst	zweit	dritt	viert	fünft
6.(여섯째)	7.(일곱째)	8.(여덟째)	9.(아홉째)	10.(열째)
sechst	sieb(en)t	acht	neunt	zehnt

② 위와 같은 숫자는 '서수'라 칭하며, 서수는 형용사와 동일한 규칙으로 형태가 변합니다.

　m. Tag = 날, 하루 → der 3.(dritte) Tag = 셋째 날 [1격]

MP3 듣고 따라 말하며 세 번씩 써보기　　　　　　　　　🎧 mp3 115

①

②

③

응용해서 써본 후 MP3 듣고 따라 말하기　　　　　　　　🎧 mp3 116

① 오늘은 넷째 날이에요.

　→

② 저는 첫째 딸이에요.

　→

---

① Heute ist der 4.(vierte) Tag.

② Ich bin die 1.(erste) Tochter.

Ich wohne im 12. Stock.

저는 12층에 살아요.

① 서수는 '1(erst), 3(dritt), 8(acht)' 외엔 아래와 같은 규칙으로 만들면 됩니다.

- 1.~19. → 기수-t :... 11.-elft, 12.-zwölft, ... 19.-neunzehnt
- 20.~ → 기수-st : 20.-zwanzigst, 21.-einundzwanzigst, ...

② in+명사(3격) = ~에 / m. Stock = 층

in dem 서수-en Stock = ~(번째)층에 (in dem→im)

Ich wohne im 12.(zwölften) Stock. = 저는 12층에 살아요.

MP3 듣고 따라 말하며 세 번씩 써보기	🎧 mp3 117

①

②

③

응용해서 써본 후 MP3 듣고 따라 말하기	🎧 mp3 118

① 그는 20층에 살아요.

→

② 제 사무실은 18층에 있어요.

→

---

① Er wohnt im 20.(zwanzigsten) Stock.

② Mein Büro ist im 18.(achtzehnten) Stock.

Mein Geburtstag ist der 4. März.

제 생일은 3월 4일입니다.

①

1월	2월	3월	4월	5월	6월
Januar	Februar	März	April	Mai	Juni

② m. Geburtstag = 생일 / m. Tag = 날, 하루

der 서수-e Tag 월 = ~월 ~(번째)일 [1격]

→ 'der 서수-e Tag'에서 Tag는 생략하고 말합니다.

Mein Geburtstag ist der 4.(vierte) März. = 제 생일은 3월 4일입니다.

MP3 듣고 따라 말하며 세 번씩 써보기　　　　　　　　　🎧 mp3 119

①

②

③

응용해서 써본 후 MP3 듣고 따라 말하기　　　　　　　　　🎧 mp3 120

① 그의 생일은 2월 21일입니다.

→

② 오늘은 6월 13일입니다.

→

---

① Sein Geburtstag ist der 21.(einundzwanzigste) Februar.

② Heute ist der 13.(dreizehnte) Juni.

Ich komme am 11. September an.

저는 9월 11일에 도착해요.

①

7월	8월	9월	10월	11월	12월
Juli	August	September	Oktober	November	Dezember

② '아침 · 점심 · 저녁/요일/날짜에'라고 말할 땐 전치사 an을 써서 말합니다.

　an+때(3격) = ~인 때에

　an dem 서수-en 월 = ~월 ~일에 / an l kommen = 도착하다

　Ich komme am 11.(elften) September an. = 저는 9월 11일에 도착해요.

MP3 듣고 따라 말하며 세 번씩 써보기	○ mp3 121

①

②

③

응용해서 써본 후 MP3 듣고 따라 말하기	○ mp3 122

① 그는 12월 30일에 도착해요.

　→

② 우리는 10월 18일에 떠나. [가다; 떠나다 = gehen]

　→

① Er kommt am 30.(dreißigsten) Dezember an.

② Wir gehen am 18.(achtzehnten) Oktober.

Es ist viertel vor drei.

2시 45분입니다.

① f. Uhr = 시각 → Es ist 기수+Uhr. = ~시입니다.

  Es ist 2(zwei) Uhr. = 2시입니다.

② 독일어에서는 주로 '5/10/15/...분'을 기준으로 아래와 같이 시간을 잘 표현합니다.

  nach = ~ 후에 / vor = ~ 전에 / viertel = 4분의 1 = 15분

  fünf nach zwei = 2시(가 되고) 5분 후 → 2시 5분

  viertel vor drei = 3시(가 되기) 15분 전 → 2시 45분

MP3 듣고 따라 말하며 세 번씩 써보기　　　　　🎧 mp3 123

①

②

③

응용해서 써본 후 MP3 듣고 따라 말하기　　　　　🎧 mp3 124

① 10시 55분입니다. (11시가 되기 5분 전)

  →

② 3시 15분입니다. (3시가 되고 15분 후)

  →

① Es ist fünf vor elf.

② Es ist viertel nach drei.

Ich gehe um 8 Uhr in die Schule.

저는 8시에 학교에 갑니다.

① um 기수+Uhr = ~시에

in+명사(4격) = ~(으)로, ~에 → in die Schule = 학교에

독일어에서는 '시간, 장소'가 함께 나올 경우 '시간'이 먼저 언급됩니다.

Ich gehe um 8(acht) Uhr in die Schule. = 저는 8시에 학교에 갑니다.

② 보너스! 'halb(절반의; 30분)'을 써서 시간을 말할 땐 아래와 같이 말합니다.

halb zwei = 2시(가 되기) 30분 전 → 1시 30분

MP3 듣고 따라 말하며 세 번씩 써보기   🎧 mp3 125

①

②

③

응용해서 써본 후 MP3 듣고 따라 말하기   🎧 mp3 126

① 저는 8시 30분(9시가 되기 30분 전)에 학교에 갑니다.

→

② 8시 25분입니다. (8시 30분에서 5분 전)

→

---

① Ich gehe um halb neun in die Schule.

② Es ist fünf vor halb neun.

01. 앞서 배운 내용 중 주요 문법 및 표현을 정리해 봅시다.

☐ 독일어 기수

'일(하나), 이(둘), 삼(셋), 사(넷)'과 같이 말하는 숫자는 '기수'라고 지칭하며, 독일어에서 기수는 어떤 상황에서 사용하든 그 형태가 변화하지 않습니다. 독일어 기수를 표기하는 방식은 아래와 같습니다. (외우지 말고 반복해서 쓰며 익숙해지세요.)

0	1	2	3	4
null	eins	zwei	drei	vier
5	6	7	8	9
fünf	sechs	sieben	acht	neun
10	11	12	13	14
zehn	elf	zwölf	dreizehn	vierzehn
15	16	17	18	19
fünfzehn	sechzehn	siebzehn	achtzehn	neunzehn

20	21	22
zwanzig	einundzwanzig	zweiundzwanzig
23	24	25
dreiundzwanzig	vierundzwanzig	fünfundzwanzig
26	27	28
sechsundzwanzig	siebenundzwanzig	achtundzwanzig

29	30	40	50
neunundzwanzig	dreißig	vierzig	fünfzig
60	70	80	90	100
sechzig	siebzig	achtzig	neunzig	hundert

101	234	1000
hunderteins	zweihundertvierunddreißig	(ein)tausend

□ 독일어 서수

'첫째, 둘째, 셋째'와 같이 말하는 숫자는 '서수'라고 지칭합니다.

1.	2.	3.	4.	5.
erst	zweit	dritt	viert	fünft
6.	7.	8.	9.	10.
sechst	sieb(en)t	acht	neunt	zehnt

- (1./3./8.을 제외한) 1.~19. → 기수-t : ... 11.-elft, ... 19.-neunzehnt
- 20.~ → 기수-st : 20.-zwanzigst, 21.-einundzwanzigst, ...

또한, 독일어 서수는 앞서 배운 형용사와 동일한 변화 규칙에 따라 형태가 변합니다.
(ex) 정관사+서수-e+남성·여성·중성 명사 → die dritte Tochter [1격 기준]

□ 독일어로 1월~12월 말하기

1월	2월	3월	4월
Januar	Februar	März	April
5월	6월	7월	8월
Mai	Juni	Juli	August
9월	10월	11월	12월
September	Oktober	November	Dezember

□ 독일어로 '월/일/시간' 말하기

- der+서수-e 월 = ~월 / 기수+Uhr = ~시
- nach/vor/viertel/halb를 이용한 시간 표현 예시

  fünf nach zwei = 2시(가 되고) 5분 후 → 2시 5분

  viertel vor drei = 3시(가 되기) 15분 전 → 2시 45분

  halb vier = 4시(가 되기) 30분 전 → 3시 30분

(정답 p.115)

02. 앞서 배운 문장을 독일어로 쓸 수 있는지 테스트를 통해 확인해 보세요.

① 제겐 딸이 두 명 있어요.

→

② 제 아들은 13살이에요.

→

③ 저는 주당 50시간을 일해요.

→

④ 이건 450유로입니다.

→

⑤ 오늘은 셋째 날이에요.

→

⑥ 저는 12층에 살아요.

→

⑦ 제 생일은 3월 4일입니다.

→

⑧ 저는 9월 11일에 도착해요.

→

⑨ 2시 45분입니다.

→

⑩ 저는 8시에 학교에 갑니다.

→

① Ich habe zwei Töchter.

② Mein Sohn ist 13(dreizehn) Jahre alt.

③ Ich arbeite 50(fünfzig) Stunden pro Woche.

④ Das kostet 450(vierhundertfünfzig) Euro.

⑤ Heute ist der 3.(dritte) Tag.

⑥ Ich wohne im 12.(zwölften) Stock.

⑦ Mein Geburtstag ist der 4.(vierte) März.

⑧ Ich komme am 11.(elften) September an.

⑨ Es ist viertel vor drei.

⑩ Ich gehe um 8(acht) Uhr in die Schule.

MEMO 틀린 문장이 있을 경우 아래에 몇 번씩 반복해서 써보세요.

LEKTION 07

독일어 시간·이동 표현 이해하기

Ich fahre heute nach London.

난 오늘 런던으로 떠나.

① fahren = (교통수단을 타고) 가다·떠나다; 운전하다

　→ farhen은 2·3인칭 단수 주어일 때 어간의 a가 ä로 변합니다.

　주어+fahren+nach 도시·국가. = 주어가 ~(으)로 가다·떠나다.

② (adv.) heute = 오늘 / London = 런던 (대부분의 지명은 관사 없이 말함.)

　독일어에선 '시간, 장소'가 함께 나올 경우 '시간-장소'의 순서로 말합니다.

　Ich fahre heute nach London. = 난 오늘 런던으로 떠나.

MP3 듣고 따라 말하며 세 번씩 써보기	mp3 127

①

②

③

응용해서 써본 후 MP3 듣고 따라 말하기	mp3 128

① 우린 오늘 저녁에 영국으로 떠나. [오늘 저녁(에) = heute Abend, 영국 = England]

　→

② 그는 오늘밤 베를린으로 떠나. [오늘밤(에) = heute Nacht, 베를린 = Berlin]

　→

① Wir fahren heute Abend nach England.

② Er fährt heute Nacht nach Berlin.

Wir fliegen morgen in die USA.

우린 내일 비행기로 미국에 가.

① fliegen = 날다; 비행기로 가다·떠나다 (규칙 변화하는 동사)

② (adv.) morgen = 내일

→ 'morgen früh = 내일 일찍'이라고 좀 더 강조해서 말할 수도 있겠죠?

pl. USA = 미국 → die USA (일부 지명들은 앞에 관사를 붙여 말해야 함.)

*관사를 붙여 말하는 도시·국가에 간다고 할 땐 'in+명사(4격)'을 써서 말합니다.

Wir fliegen morgen in die USA. = 우린 내일 비행기로 미국에 가.

MP3 듣고 따라 말하며 세 번씩 써보기	∩ mp3 129

①

②

③

응용해서 써본 후 MP3 듣고 따라 말하기	∩ mp3 130

① 난 내일 일찍 비행기로 네덜란드에 가. [네덜란드 = pl. Niederlande]

→

② 그는 내일 밤 비행기로 스위스에 가. [스위스 = f. Schweiz]

→

① Ich fliege morgen früh in die Niederlande.

② Er fliegt morgen Nacht in die Schweiz.

Er geht jeden Tag schwimmen.

그는 매일 수영하러 가.

① gehen = 걷다; 가다·떠나다 (규칙 변화하는 동사)

　gehen+동사원형 = ~하러 가다

　(ex) gehen+schwimmen(수영하다) → 수영하러 가다

② jed- = 매 ~, ~마다 ('jed-'를 시간 개념으로 사용할 땐 '4격'으로 표현합니다.)

　m. Tag = 날 → [4격] jeden Tag = 매일, 날마다

　Er geht jeden Tag schwimmen. = 그는 매일 수영하러 가.

MP3 듣고 따라 말하며 세 번씩 써보기　　　　　　🎧 mp3 131

① _____

② _____

③ _____

응용해서 써본 후 MP3 듣고 따라 말하기　　　　　　🎧 mp3 132

① 그녀는 매일 산책하러 가. [산책하다 = spazieren]

　→ _____

② 나는 매일 일찍 집에 가. [집으로, 집에 = nach Hause]

　→ _____

---

① Sie geht jeden Tag spazieren.

② Ich gehe jeden Tag früh nach Hause.

Ich fahre immer mit dem Fahrrad zur Schule.

나는 항상 자전거를 타고 학교에 가.

① mit+명사(3격) = ~(라는 수단·방법)으로 / n. Fahrrad = 자전거

mit dem Fahrrad = 자전거로, 자전거를 타고

② zu+명사(3격) = ~(라는 장소)에 / f. Schule = 학교

zu der Schule = 학교에 (zu der→zur) / (adv.) immer = 항상

독일어에선 '시간-방법- 장소 '의 순서로 나열해서 말합니다.

Ich fahre immer mit dem Fahrrad zur Schule .

MP3 듣고 따라 말하며 세 번씩 써보기　　　　　　　　　　🎧 mp3 133

①

②

③

응용해서 써본 후 MP3 듣고 따라 말하기　　　　　　　　　🎧 mp3 134

① 우린 항상 버스를 타고 일하러(일터로) 가. [버스 = m. Bus, 일 = f. Arbeit]

→

② 나는 항상 걸어서 학교에 가. [걸어서 = (adv.) zu Fuß]

→

---

① Wir fahren immer mit dem Bus zur Arbeit.

② Ich gehe immer zu Fuß zur Schule.

Ich laufe täglich den Fluss entlang.

나는 날마다 하천을 따라 뛰어.

① laufen = 달리다, 뛰다; 상영되다 (규칙 변화하는 동사)

→ laufen은 2·3인칭 단수 주어일 때 어간의 a가 ä로 변합니다.

② (adv.) täglich = 날마다, 매일

명사(4격)+entlang = ~을 따라 / m. Fluss = 강, 하천

den Fluss entlang = 강·하천을 따라

Ich laufe täglich den Fluss entlang. = 나는 날마다 하천을 따라 뛰어.

MP3 듣고 따라 말하며 세 번씩 써보기　　　　　　　　　　　🎧 mp3 135

①

②

③

응용해서 써본 후 MP3 듣고 따라 말하기　　　　　　　　　　　🎧 mp3 136

① 우리는 날마다 길을 따라 산책을 해. [길 = f. Straße, 산책하다 = spazieren]

→

② 최신(가장 새로운) 영화가 영화관에서 상영 중이야. [영화 = m. Film, 영화관 = n. Kino]

→

---

① Wir spazieren täglich die Straße entlang.

② Der neueste Film läuft im Kino.

Wir gehen am Freitag ins Kino.

우리는 금요일에 영화관에 가.

① 요일 (남성 명사): Montag(월요일) / Dienstag(화요일) / Mittwoch(수요일) /

Donnerstag(목요일) / Freitag(금요일) / Samstag(토요일) / Sonntag(일요일)

② an+때(3격) = ~인 때에 → an dem 요일 = ~요일에 (an dem→am)

in+장소(4격) = ~라는 곳에 / n. Kino = 영화관

in das Kino = 영화관에 (in das→ins)

Wir gehen am Freitag ins Kino. = 우리는 금요일에 영화관에 가.

MP3 듣고 따라 말하며 세 번씩 써보기　　　　　　　　　　　🎧 mp3 137

①

②

③

응용해서 써본 후 MP3 듣고 따라 말하기　　　　　　　　　　　🎧 mp3 138

① 나는 일요일에 영국으로 (비행기를 타고) 떠나. [영국으로 = nach England]

→

② 그녀는 토요일에 휴가를 가. [휴가를 가다 = in Urlaub fahren]

→

---

① Ich fliege am Sonntag nach England.

② Sie fährt am Samstag in Urlaub.

Ich trinke morgens nur Kaffee.

나는 아침에 커피만 마셔.

① '시점 명사-s'와 같이 말하면 반복되는 시간 개념을 나타내는 부사 표현이 됩니다.

   (ex) morgens(아침마다) / vormittags(오전마다) / abends(저녁마다)

   → '(통상적으로) 아침에, 오전에, 저녁에'와 같이 해석해도 됩니다.

   → 위 표현들 앞에 'um 기수 Uhr'를 붙이면 '아침·오전·저녁 ~시에'라는 뜻이 됩니다.

② trinken = 마시다 (규칙 변화 동사) / (adv.) nur = 오직; 단지

   Ich trinke morgens nur Kaffee. = 나는 아침에 커피만 마셔.

MP3 듣고 따라 말하며 세 번씩 써보기	🎧 mp3 139

①

②

③

응용해서 써본 후 MP3 듣고 따라 말하기	🎧 mp3 140

① 그녀는 저녁에 토마토(들)만 먹어. [토마토(들) = pl. Tomaten]

   →

② 나는 아침 6시에 일어나. [일어나다 = auf | stehen]

   →

---

① Sie isst abends nur Tomaten.

② Ich stehe um 6(sechs) Uhr morgens auf.

Sie trinkt jeden Morgen eine Tasse Kaffee.

그녀는 매일 아침 커피 한 잔을 마셔.

---

① jed-(4격)+때 = 매일 ~인 때(마다)

   (ex) m. Morgen = 아침 / m. Abend = 저녁 / f. Nacht = 밤

   → jeden Morgen·Abend(매일 아침·저녁) / jede Nacht(매일 밤)

② f. Tasse = (음료를 담는) 잔 → 복수형은 pl. Tassen

   기수+Tasse(n)+음료명 = 음료 ~잔 (음료명 앞엔 관사를 붙이지 않습니다.)

   eine Tasse Kaffee = 커피 한 잔, zwei Tassen Kaffee = 커피 두 잔

MP3 듣고 따라 말하며 세 번씩 써보기	🎧 mp3 141

①

②

③

응용해서 써본 후 MP3 듣고 따라 말하기	🎧 mp3 142

① 난 매일 아침 우유 한 컵을 마셔. [우유 = f. Milch, (유리)컵 = n. Glas]

  →

② 난 매일 밤 10시에 자러 가. [침대로(잠을 자러) 가다 = ins Bett gehen]

  →

---

① Ich trinke jeden Morgen ein Glas Milch.

② Ich gehe jede Nacht um 10(zehn) Uhr ins Bett.

Sie studiert jetzt in den USA.

그녀는 현재 미국에서 대학을 다녀.

① jetzt = 현재; 지금

jetzt란 표현은 '현재 전반적으로 무엇을 하고 있다'라고 말하거나, '지금 이 시점에 무엇을 하는 중이다'라고 말할 때 쓸 수 있는 시간 부사입니다.

② studieren = 대학에 다니다; 공부하다 / die USA = 미국

in+명사(3격) = ~(안)에서 → in den USA = 미국에서

Sie studiert jetzt in den USA. = 그녀는 현재 미국에서 대학을 다녀.

MP3 듣고 따라 말하며 세 번씩 써보기　　　　　　　　　🎧 mp3 143

① _____

② _____

③ _____

응용해서 써본 후 MP3 듣고 따라 말하기　　　　　　　　🎧 mp3 144

① 우린 현재 서울에서 살고 있어.

→ _____

② 나는 지금 다이어트 중이야. [다이어트를 하다 = Diät machen]

→ _____

---

① Wir wohnen jetzt in Seoul.

② Ich mache jetzt Diät.

Am Wochenende treffe ich **gern Freunde.**

나는 주말에 **친구들을** 만나길 **좋아해.**

① n. Wochenende = 주말 → an dem(= am) Wochenende = 주말에

② 독일어 문장에서 주어가 아닌 다른 품사가 문장 맨 앞에 나올 경우, 뒤에 나오는 '주어-동사'의
위치가 '동사-주어'와 같이 바뀐 '도치 구문'이 됩니다.

treffen = 만나다 / pl. Freunde = 친구들

[시간] Am Wochende [동사] treffe [주어] ich gern Freunde.

= 나는 주말에 친구들을 만나길 좋아해.

MP3 듣고 따라 말하며 세 번씩 써보기	🎧 mp3 145

①

②

③

응용해서 써본 후 MP3 듣고 따라 말하기	🎧 mp3 146

① 나는 주말에 영화 보러 가길 좋아해. (도치 구문으로 작문해 보기)

→

② 나는 매일 카페에 가. (도치 구문으로 작문해 보기) [카페 = n. Café]

→

---

① Am Wochenende gehe ich gern ins Kino.

② Jeden Tag gehe ich ins Café.

---

01. 앞서 배운 내용 중 주요 문법 및 표현을 정리해 봅시다.

☐ 때·시간·이동을 나타내는 표현

앞서 배운 표현들 및 기타 새로운 표현들도 함께 정리해 봅시다.

그저께	어제	오늘	내일	내일 모레
vorgestern	gestern	heute	morgen	übermorgen

항상	날마다	종종	가끔	드물게	전혀
immer	täglich	oft	manchmal	selten	nie

아침마다	정오마다	오후마다	저녁마다
morgens, jeden Morgen	mittags, jeden Mittag	nachmittags, jeden Nachmittag	abends, jeden Abend

월요일에	화요일에	수요일에	목요일에
am Montag	am Dienstag	am Mittwoch	am Donnerstag

금요일에	토요일에	일요일에	주말에
am Freitag	am Samstag	am Sonntag	am Wochenende

gehen = 걷다; 가다·떠나다	gehen+동사원형 = ~하러 가다
fahren = (교통수단을 타고) 가다·떠나다	mit+교통수단(3격) = ~을 타고
fliegen = 날다; 비행기로 가다·떠나다	nach 관사 없는 지명 = ~을 향해
laufen = 달리다, 뛰다	in 관사 있는 지명 = ~으로

☐ '시간·방법·장소'의 문장 내 위치

① 시간·방법·장소가 문장에 함께 나왔을 경우, '시간-방법-장소'의 순서로 나열합니다.

  (ex) Ich fahre immer mit dem Fahrrad zur Schule.

                시간   방법   장소

② '시간'이 문장 맨 앞에 나올 경우 '시간-동사-주어'의 어순이 됩니다.

  (ex) Am Wochenende treffe ich gern Freunde.

             시간   동사 주어

02. 앞서 배운 문장을 독일어로 쓸 수 있는지 테스트를 통해 확인해 보세요. (정답 p.130)

① 난 오늘 런던으로 떠나.

→

② 우린 내일 비행기로 미국에 가.

→

③ 그는 매일 수영하러 가.

→

④ 나는 항상 자전거를 타고 학교에 가.

→

⑤ 나는 날마다 하천을 따라 뛰어.

→

⑥ 우리는 금요일에 영화관에 가.

→

⑦ 나는 아침에 커피만 마셔.

→

⑧ 그녀는 매일 아침 커피 한 잔을 마셔.

→

⑨ 그녀는 현재 미국에서 대학을 다녀.

→

⑩ 나는 주말에 친구들을 만나길 좋아해. (도치 구문으로 작문해 보기)

→

① Ich fahre heute nach London.

② Wir fliegen morgen in die USA.

③ Er geht jeden Tag schwimmen.

④ Ich fahre immer mit dem Fahrrad zur Schule.

⑤ Ich laufe täglich den Fluss entlang.

⑥ Wir gehen am Freitag ins Kino.

⑦ Ich trinke morgens nur Kaffee.

⑧ Sie trinkt jeden Morgen eine Tasse Kaffee.

⑨ Sie studiert jetzt in den USA.

⑩ Am Wochenende treffe ich gern Freunde.

MEMO 틀린 문장이 있을 경우 아래에 몇 번씩 반복해서 써보세요.

LEKTION 08

독일어 인칭대명사의 '격' 이해하기

Du gibst mir Kraft.

넌 나에게 힘이 돼.

① 독일어 명사엔 '[1격] ~은·는·이·가 / [2격] ~의 / [3격] ~에게 / [4격] ~을·를'과 같이 '격'
이 있다고 배웠죠? 마찬가지로 독일어 인칭대명사에도 이러한 '격'이 있습니다.

② [1격] ich = 나(는), 내(가) → [3격] mir = 나(에게)
geben = 주다 (2·3인칭 단수 주어에서 어간의 e→i로 변합니다.)
주어+geben+사람(3격)+명사(4격). = 주어가 ~에게 ~을 주다.
f. Kraft = 힘; 능력 → Du gibst mir Kraft. = 넌 나에게 힘을 줘.

MP3 듣고 따라 말하며 세 번씩 써보기   🎧 mp3 147

① _____

② _____

③ _____

응용해서 써본 후 MP3 듣고 따라 말하기   🎧 mp3 148

① 이건 나에게 너무 힘들어. [너무 ~한 = zu+형용사, 힘든 = (adj.) anstrengend]

→ _____

② 너는 나에게 매우 중요해. [매우 ~한 = so+형용사, 중요한 = (adj.) wichtig]

→ _____

---

① Das ist mir zu anstrengend.
② Du bist mir so wichtig.

Du machst mich glücklich.

너는 나를 행복하게 해.

①

나	1격	2격	3격	4격
	ich	meiner	mir	mich

② machen = 만들다; (행)하다 (규칙 변화 동사)

주어+machen+사람(4격)+형용사. = 주어가 ~을 ~하게 만들다.

(adj.) glücklich = 행복한; 운이 좋은

Du machst mich glücklich. = 넌 나를 행복하게 해.

MP3 듣고 따라 말하며 세 번씩 써보기　　　　　　　　　　🎧 mp3 149

①

②

③

응용해서 써본 후 MP3 듣고 따라 말하기　　　　　　　　　　🎧 mp3 150

① 그건 나를 피곤하게 해. [피곤한 = (adj.) müde]

　→

② 그는 나를 자주 화나게 해. [~을 화나게 하다 = ärgern+사람(4격)]

　→

---

① Das macht mich müde.

② Er ärgert mich oft. (-rn으로 끝나는 동사는 'n'을 삭제한 후 주어별 형태 변화)

Kommst du zu mir nach Hause?

너 집 쪽으로 나에게 올래? (너 우리 집에 올래?)

① 독일어에선 전치사 뒤에 나오는 명사들은 각 전치사에 걸맞는 '격'을 띠어야 합니다.

  (ex) zu+명사(3격) = ~에게(로) → zu mir = 나에게(로)

   von+명사(3격) = ~으로부터, ~의 → von mir = 나로부터, 나의

② kommen = 오다 / nach Hause = 집으로

  Kommst du zu mir nach Hause? = [직역] 너 집 쪽으로 나에게 올래?

  → 위의 말은 결국 '너 우리 집에 올래?'라고 묻는 말입니다.

MP3 듣고 따라 말하며 세 번씩 써보기　　　　　　　　　🎧 mp3 151

①

②

③

응용해서 써본 후 MP3 듣고 따라 말하기　　　　　　　　🎧 mp3 152

① 이쪽은 제 친구 중 한 명이에요. [~의 = von+사람(3격), 친구 = m. Freund]

  →

② 이건 내게 충분히 좋아. [충분히 ~한 = 형용사+genug, ~에게 = für+사람(4격)]

  →

---

① Das ist ein Freund von mir.

② Das ist gut genug für mich.

Ich rufe dich später an.

내가 나중에 네게 전화할게.

①	1격	2격	3격	4격
너	du	deiner	dir	dich

② an l rufen = 전화하다 (규칙 변화 동사)

주어+rufen+사람(4격)+an. = 주어가 ~을 전화로 불러 이야기하다.

→ 위의 말은 결국 '주어가 ~에게 전화하다'라는 뜻 / (adv.) später = 나중에

Ich rufe dich später an. = 내가 나중에 네게 전화할게.

MP3 듣고 따라 말하며 세 번씩 써보기	∩ mp3 153

①

②

③

응용해서 써본 후 MP3 듣고 따라 말하기	∩ mp3 154

① 난 널 아주 잘 알아. [~을 알다 = kennen+사람(4격), 아주 잘 = (adv.) sehr gut]

→

② 내가 네게 소식 전할게. [~에게 말하다 = sagen+사람(3격), 소식·정보 = m. Bescheid]

→

① Ich kenne dich sehr gut.
② Ich sage dir Bescheid.

Ich esse heute Abend mit ihm.

나는 오늘 저녁에 그와 식사를 해.

①

	1격	2격	3격	4격
그	er	seiner	ihm	ihn
그녀	sie	ihrer	ihr	sie
그것	es	seiner	ihm	es

② essen = '식사하다'라는 뜻의 자동사로도 쓰입니다. / mit+사람(3격) = ~와

　　Ich esse heute Abend mit ihm. = 나는 오늘 저녁에 그와 식사를 해.

MP3 듣고 따라 말하며 세 번씩 써보기　　　　　　　🎧 mp3 155

①

②

③

응용해서 써본 후 MP3 듣고 따라 말하기　　　　　　🎧 mp3 156

① 나 내일 그녀와 이야기할 거야. [~와 이야기하다 = reden+mit+사람(3격)]

　→

② 나 여기서 그녀를 기다리고 있어. [~을 기다리다 = warten+auf+사람(4격)]

　→

---

① Ich rede morgen mit ihr.

② Ich warte hier auf sie.

Ich bin sehr stolz auf euch.

나는 너희가 정말 자랑스러워.

①

	1격	2격	3격	4격
우리	wir	unser	uns	uns
너희	ihr	euer	euch	euch
그들, 그것들	sie	ihrer	ihnen	sie

② (adj.) stolz = 자랑스러운 → stolz auf 사람(4격) = ~을 자랑스러워하는

Ich bin sehr stolz auf euch. = 나는 너희가 정말 자랑스러워.

MP3 듣고 따라 말하며 세 번씩 써보기　　　　　　　　　　🎧 mp3 157

①

②

③

응용해서 써본 후 MP3 듣고 따라 말하기　　　　　　　　　🎧 mp3 158

① 그는 우리에게 정말 친절해. [~에게 친절한 = nett+zu+사람(3격)]

　→

② 넌 그들에게 만족해? [~에 만족한 = zufrieden+mit+사람(3격)]

　→

---

① Er ist sehr nett zu uns.

② Bist du zufrieden mit ihnen?

Ich habe eine Nachricht für Sie.

당신에게 온 메시지가 하나 있습니다.

①
	1격	2격	3격	4격
당신, 당신들	Sie	Ihrer	Ihnen	Sie

Sie는 처음 만나거나 아직 친하지 않은 상대방을 지칭할 때 사용하며, du는 나이에 상관없이
상대방이 친분이 있는 친인척·친구 등일 때 사용합니다.

② f. Nachricht = 메시지, 소식 / für+사람(4격) = ~을 위한 (→ ~에게 온)

Ich habe eine Nachricht für Sie. = 당신에게 온 메시지가 하나 있습니다.

MP3 듣고 따라 말하며 세 번씩 써보기　　　　　　　　　　　🎧 mp3 159

①

②

③

응용해서 써본 후 MP3 듣고 따라 말하기　　　　　　　　　　🎧 mp3 160

① 저희는 사무실에서 당신을 기다리고 있습니다. [~(안)에서 = in+명사(3격)]

→

② 당신께 매우 감사드립니다, Kim(여성) 씨. [~에게 감사하다 = danken+사람(3격)]

→

---

① Wir warten im Büro auf Sie.

② Ich danke Ihnen sehr, Frau Kim.

Das ist sehr nett von Ihnen.

당신은 정말 친절하시군요.

① Das ist 형용사 von 사람(3격).

　[직역] 그것은 ~라는 사람이 행한 ~한 일이네요.

　[의역] (그 사람이 그것을 했다니) ~라는 사람은 ~하군요.

　→ 누군가가 '어떠한 것(das)'을 했기에 '그 사람이 ~하다'라고 말하는 표현입니다.

② (adj.) nett = 좋은; 상냥한, 친절한

　Das ist sehr nett von Ihnen. = (그러셨다니) 당신은 정말 친절하군요.

MP3 듣고 따라 말하며 세 번씩 써보기	🎧 mp3 161

①

②

③

응용해서 써본 후 MP3 듣고 따라 말하기	🎧 mp3 162

① 너 정말 사려가 깊구나. [사려 깊은, 세심한 = (adj.) aufmerksam]

　→

② 그는 정말 상냥하구나. [친절한, 공손한, 상냥한 = (adj.) freundlich]

　→

---

① Das ist sehr aufmerksam von dir.

② Das ist sehr freundlich von ihm.

Ich bin zufrieden mit meinem Leben.

저는 제 삶에 만족해요.

---

① 소유관사도 '격' 별로 형태가 변하며, 아래는 3격일 때입니다. (1격은 앞서 배웠죠?)

	남성 명사 앞	여성 명사 앞	중성 명사 앞	복수 명사 앞
3격	meinem	meiner	meinem	meinen

② zufrieden mit 명사(3격) = ~에 만족한

    n. Leben = 생활; 삶 → [3격] meinem Leben = 내 삶

    Ich bin zufrieden mit meinem Leben. = 저는 제 삶에 만족해요.

MP3 듣고 따라 말하며 세 번씩 써보기　　　　　　　　　🎧 mp3 163

① _____

② _____

③ _____

응용해서 써본 후 MP3 듣고 따라 말하기　　　　　　　　🎧 mp3 164

① 너는 네가 사는 곳에 만족하니? [거주지 = f. Wohnung]

  → _____

② 그는 지금 그의 방에서 자고 있어. [~(안)에서 = in+명사(3격), 방 = n. Zimmer]

  → _____

---

① Bist du zufrieden mit deiner Wohnung?

② Er schläft jetzt in seinem Zimmer.

Ich danke Ihnen für Ihre Aufmerksamkeit.

당신의 관심에 감사드립니다.

①

	남성 명사 앞	여성 명사 앞	중성 명사 앞	복수 명사 앞
4격	Ihren	Ihre	Ihr	Ihre

② f. Aufmerksamkeit = 관심

주어+danken 사람(3격)+für 명사(4격). = 주어가 ~에 대해 ~에게 감사해하다.

Ich danke Ihnen für Ihre Aufmerksamkeit.

= 저는 당신의 관심에 대해 당신에게 감사합니다. (= 당신의 관심에 감사드립니다.)

MP3 듣고 따라 말하며 세 번씩 써보기   🎧 mp3 165

①

②

③

응용해서 써본 후 MP3 듣고 따라 말하기   🎧 mp3 166

① 너 내 설명 이해하니? [~을 이해하다 = verstehen+명사(4격), 설명 = f. Erklärung]

→

② 나 네 도움이 필요해. [~을 필요로 하다 = brauchen+명사(4격), 도움 = f. Hilfe]

→

---

① Verstehst du meine Erklärung?

② Ich brauche deine Hilfe.

01. 앞서 배운 내용 중 주요 문법 및 표현을 정리해 봅시다.

☐ 인칭대명사의 '격' 별 형태

		1격	2격	3격	4격
단수	나	ich	meiner	mir	mich
	너	du	deiner	dir	dich
	그	er	seiner	ihm	ihn
	그녀	sie	ihrer	ihr	sie
	그것	es	seiner	ihm	es
복수	우리	wir	unser	uns	uns
	너희	ihr	euer	euch	euch
	그(것)들	sie	ihrer	ihnen	sie
	당신(들)	Sie	Ihrer	Ihnen	Sie

☐ 소유관사의 '격' 변화 규칙

소유관사는 (부)정관사와 동일한 규칙으로 격 변화합니다.

	남성 명사 앞	여성 명사 앞	중성 명사 앞	복수 명사 앞
1격	mein	meine	mein	meine
2격	meines	meiner	meines	meiner
3격	meinem	meiner	meinem	meinen
4격	meinen	meine	mein	meine

☐ '전치사+명사'의 활용 예시

• stolz auf 명사(4격) = ~을 자랑스러워하는
• zufrieden mit 명사(3격) = ~에 만족한
• danken 사람(3격) für 명사(4격) = ~에 대해 ~에게 감사해하다
• Das ist 형용사 von 사람(3격). = ~(라는 사람)은 ~하다.

02. 앞서 배운 문장을 독일어로 쓸 수 있는지 테스트를 통해 확인해 보세요. (정답 p.144)

① 넌 나에게 힘이 돼.

→ _____

② 너는 나를 행복하게 해.

→ _____

③ 너 우리 집에 올래?

→ _____

④ 내가 나중에 네게 전화할게.

→ _____

⑤ 나는 오늘 저녁에 그와 식사를 해.

→ _____

⑥ 나는 너희가 정말 자랑스러워.

→ _____

⑦ 당신에게 온 메시지가 하나 있습니다.

→ _____

⑧ 당신은 정말 친절하시군요.

→ _____

⑨ 저는 제 삶에 만족해요.

→ _____

⑩ 당신의 관심에 감사드립니다.

→ _____

① Du gibst mir Kraft.

② Du machst mich glücklich.

③ Kommst du zu mir nach Hause?

④ Ich rufe dich später an.

⑤ Ich esse heute Abend mit ihm.

⑥ Ich bin sehr stolz auf euch.

⑦ Ich habe eine Nachricht für Sie.

⑧ Das ist sehr nett von Ihnen.

⑨ Ich bin zufrieden mit meinem Leben.

⑩ Ich danke Ihnen für Ihre Aufmerksamkeit.

MEMO 틀린 문장이 있을 경우 아래에 몇 번씩 반복해서 써보세요.

LEKTION 09

독일어 의문사 이해하기 (1)

Was ist dein Lieblingsessen?

네가 가장 좋아하는 음식은 무엇이니?

① '의문사'가 들어가는 의문문에서 의문사는 문장 맨 앞에 위치합니다.

[의문사 의문문의 어순] 의문사-동사-주어-(목적어, 기타 등등)?

② was = 무엇(이)

　 n. Essen = 음식 → Lieblingsessen = 가장 좋아하는 음식

　 의문사 Was　동사 ist　주어 dein Lieblingsessen?

　 = 너의 가장 좋아하는 음식은 무엇이니?

MP3 듣고 따라 말하며 세 번씩 써보기　　　　　　　　🎧 mp3 167

①

②

③

응용해서 써본 후 MP3 듣고 따라 말하기　　　　　　　　🎧 mp3 168

① 네가 가장 좋아하는 음악은 뭐야? [음악 = f. Musik]

　→

② 미래를 위한 당신의 계획(들)은 뭔가요? [계획(들) = pl. Pläne, 미래 = f. Zukunft]

　→

---

① Was ist deine Lieblingsmusik?

② Was sind Ihre Pläne für die Zukunft?

Was machst du am Wochenende?

너는 주말에 무엇을 하니?

① was 역시 아래와 같이 '격' 별로 형태가 다릅니다.

[1격] was-무엇(이) / [2격] wessen-무엇(의)

[3격] X (3격은 없음) / [4격] was-무엇(을)

② Was(4격)+일반동사+주어? = 주어가 무엇을 ~하나요?

machen = 만들다; (행)하다 / am Wochenende = 주말에

Was(4격) machst du am Wochenende? = 너는 주말에 무엇을 하니?

MP3 듣고 따라 말하며 세 번씩 써보기	🎧 mp3 169

①

②

③

응용해서 써본 후 MP3 듣고 따라 말하기	🎧 mp3 170

① 당신은 (당신의) 휴식 시간에 뭘 하나요? [~에 = in+명사(3격), 휴식 시간 = f. Freizeit]

→

② 너는 오늘 무엇을 계획하니? (= 너 오늘 뭐 할 계획이니?) [계획하다 = vor|haben]

→

① Was machen Sie in Ihrer Freizeit?

② Was hast du heute vor?

Wer kennt dich besser als ich?

누가 나보다 너를 더 잘 알겠니?

① wer → [1격] wer-누가 / [2격] wessen-누구(의)

      [3격] wem-누구(에게) / [4격] wen-누구(를)

② Wer(1격)+일반동사? = 누가 ~하나요?

    kennen = 알다 / (adj./adv.) besser = 더 좋은; 더 잘 / als = ~보다

    Wer(1격) kennt dich besser als ich? = 누가 나보다 너를 더 잘 알겠니?

    → 위에서 wer는 '주어'로서 역할하고 있으며, 3인칭 단수 주어로 취급합니다.

MP3 듣고 따라 말하며 세 번씩 써보기	🎧 mp3 171

①

②

③

응용해서 써본 후 MP3 듣고 따라 말하기	🎧 mp3 172

① 누가 너를 행복하게 하니? [행복한, 기쁜 = (adj.) glücklich]

    →

② 네가 가장 좋아하는 배우는 누구야? [배우 = m. Schauspieler]

    →

---

① Wer macht dich glücklich?

② Wer ist dein Lieblingsschauspieler?

Wessen Buch ist das auf dem Tisch?

책상 위에 있는 건 누구의 책이니?

① wessen(2격)+명사 = 누구의 ~

→ wessen 뒤에 오는 명사 앞엔 관사를 붙이지 않고 말합니다.

② Wessen(2격)+명사 ist das? = 이것은 누구의 ~입니까?

n. Buch = 책 → Wessen Buch ist das? = 이것은 누구의 책입니까?

m. Tisch = 책상, 탁자 / auf+명사(3격) = ~(위)에

Wessen Buch ist das auf dem Tisch? = 책상 위에 있는 건 누구의 책이니?

MP3 듣고 따라 말하며 세 번씩 써보기　　　　　　　　　　🎧 mp3 173

①

②

③

응용해서 써본 후 MP3 듣고 따라 말하기　　　　　　　　　　🎧 mp3 174

① 의자 위에 있는 건 누구의 휴대폰이니? [휴대폰 = n. Handy, 의자 = m. Stuhl]

→

② 저 바깥에 있는 건 누구의 차니? [저 바깥에 = (adv.) da draußen]

→

---

① Wessen Handy ist das auf dem Stuhl?

② Wessen Auto ist das da draußen?

Mit wem fährst du in Urlaub?

너는 누구와 휴가를 가니?

① '전치사+의문 대명사'로도 의문문을 만들 수 있습니다. ('사람'에 대한 걸 물을 때 사용)

   (ex) mit+wem(3격) → mit wem = 누구와

      für+wen(4격) → für wen = 누구를 위해

② m. Urlaub = 휴가 → in Urlaub fahren = 휴가를 가다

   fahren 동사는 2·3인칭 단수 주어에서 어간의 a→ä로 변한다고 배웠죠?

   Mit wem fährst du in Urlaub? = 너는 누구와 휴가를 가니?

MP3 듣고 따라 말하며 세 번씩 써보기	🎧 mp3 175

①

②

③

응용해서 써본 후 MP3 듣고 따라 말하기	🎧 mp3 176

① 당신은 오늘 저녁에 누구와 식사를 하나요?

   →

② 그는 현재 누구를 위해 일하나요? (= 그는 현재 누구 밑에서 일하나요?)

   →

---

① Mit wem essen Sie heute Abend?

② Für wen arbeitet er jetzt?

Womit fährst du zur Schule?

넌 무엇을 타고 학교에 가니?

① 'wo(r)+전치사'로도 의문문을 만들 수 있습니다. ('사물'에 대한 걸 물을 때 사용)

  (ex) wo<u>mit</u> = 무엇으로

     wo<u>für</u> = 무엇을 위해, 무엇 때문에

     wor<u>auf</u> = 무엇에 대해 (전치사가 모음으로 시작할 땐 'r'을 추가)

② zu+장소(3격) = ~(으)로, ~에 / f. Schule = 학교

  Womit fährst du zur Schule? = 넌 무엇으로(무엇을 타고) 학교에 가니?

MP3 듣고 따라 말하며 세 번씩 써보기	🎧 mp3 177

①

②

③

응용해서 써본 후 MP3 듣고 따라 말하기	🎧 mp3 178

① 당신은 무엇 때문에 제 도움이 필요한가요? [필요하다 = brauchen, 도움 = f. Hilfe]

  →

② 너희는 지금 무엇을 기다리고 있니? [~을 기다리다 = warten+auf+명사(4격)]

  →

---

① Wofür brauchen Sie meine Hilfe?

② Worauf wartet ihr jetzt?

Wo isst du heute zu Mittag?

너 오늘 어디서 점심을 먹니?

① wo = 어디(서·에)

   Wo+일반동사+주어? = 주어는 어디서 ~하나요?

   Wo+sein+주어? = 주어는 어디에 있나요?

② zu Mittag essen = [직역] 점심 때에 식사하다 → 점심을 먹다

   essen은 2·3인칭 단수 주어일 때 어간의 e→i로 변한다고 배웠죠?

   Wo isst du heute zu Mittag? = 너 오늘 어디서 점심을 먹니?

MP3 듣고 따라 말하며 세 번씩 써보기　　　　　　　　　🎧 mp3 179

①

②

③

응용해서 써본 후 MP3 듣고 따라 말하기　　　　　　　　　🎧 mp3 180

① 당신은 지금 어디에 머물고 있나요? [머물다 = bleiben]

　→

② 그는 지금 어디에 있나요?

　→

① Wo bleiben Sie jetzt?

② Wo ist er jetzt?

Wohin geht er am Freitag?

그는 금요일에 어디로 가니?

① wohin = 어디로 / woher = 어디로부터, 어디에서

　Wohin+gehen+주어? = 주어는 어디로 가나요?

　Woher+kommen+주어? = 주어는 어디에서 오나요?

　→ 'Woher kommen ~?'은 '~은 어디 출신인가요?'라고 묻는 표현도 됩니다.

② Wohin geht er? = 그는 어디로 가나요?

　Wohin geht er am Freitag? = 그는 금요일에 어디로 가나요?

MP3 듣고 따라 말하며 세 번씩 써보기　　　　　　　　　🎧 mp3 181

① _____

② _____

③ _____

응용해서 써본 후 MP3 듣고 따라 말하기　　　　　　　　🎧 mp3 182

① 넌 주말에 어디로 가니?

　→ _____

② 당신은 어디 출신인가요?

　→ _____

---

① Wohin gehst du am Wochenende?

② Woher kommen Sie?

Wann kommt er von seiner Reise zurück?

그는 언제 여행에서 돌아오니?

① wann = 언제

zurück l kommen = (되)돌아오다 / f. Reise = 여행

von+명사(3격) = ~에서 → von seiner Reise = 그의 여행에서

Wann kommt er von seiner Reise zurück?

= 그는 언제 (그의) 여행에서 돌아오니?

② 'seit wann(언제부터), bis wann(언제까지)'와 같이 쓰는 것도 가능합니다.

MP3 듣고 따라 말하며 세 번씩 써보기	∩ mp3 183
①	
②	
③	

응용해서 써본 후 MP3 듣고 따라 말하기	∩ mp3 184

① 넌 언제부터 한국에서 살았니?

→

② 당신은 언제까지 여기에 머물 건가요?

→

① Seit wann wohnst du in Korea?

② Bis wann bleiben Sie hier?

Warum machen Sie den Vorschlag?

왜 그런 제안을 하는 거죠?

① warum = 왜

m. Vorschlag = 제안

einen Vorschlag (4격) machen = (하나의) 제안을 하다

여기선 '이미 언급된 제안'이기 때문에 'den Vorschlag'라고 해야 합니다.

Warum machen Sie den Vorschlag? = (당신은) 왜 그런 제안을 하는 거죠?

② 'wieso, weshalb'도 '왜'라는 뜻의 의문사로 사용 가능합니다.

MP3 듣고 따라 말하며 세 번씩 써보기   ⌒ mp3 185

①

②

③

응용해서 써본 후 MP3 듣고 따라 말하기   ⌒ mp3 186

① 너는 왜 다이어트를 하니?

→

② 너 왜 이렇게 많이 늦었니? [(많이) 늦은 = (adj.) (so) spät]

→

---

① Warum machst du Diät?

② Warum bist du so spät?

01. 앞서 배운 내용 중 주요 문법 및 표현을 정리해 봅시다.

☐ 의문사 의문문의 어순 & 의문사+예문 총정리

'의문사'가 들어가는 의문문에서 의문사는 문장 맨 앞에 위치합니다.

[의문사 의문문의 어순] 의문사-동사-주어-(목적어, 기타 등등)?

의문 대명사 was, wer		예문
1격	was 무엇(이)	Was(1격) ist dein Lieblingsessen?
2격	wessen 무엇(의)	네가 가장 좋아하는 음식은 무엇이니?
3격	X (3격은 없음)	Was(4격) machst du am Wochenende?
4격	was 무엇(이)	너는 주말에 무엇을 하니?
1격	wer 누가	Wer(1격) kennt dich besser als ich?
2격	wessen 누구(의)	누가 나보다 너를 더 잘 알겠니?
3격	wem 누구(에게)	Wessen(2격) Buch ist das auf dem Tisch?
4격	wen 누구(를)	책상 위에 있는 건 누구의 책이니?

전치사와 결합된 의문사	예문
전치사+의문 대명사 '사람'에 대한 걸 물을 때 사용하며, 전치사 뒤엔 알맞은 '격'의 의문 대명사를 씁니다.	Mit wem(3격) fährst du in Urlaub? 너는 누구와 휴가를 가니? Für wen(4격) arbeitet er jetzt? 그는 현재 누구 밑에서 일하나요?
wo(r)+전치사 '사물'에 대한 걸 물을 때 사용하며, 전치사가 모음으로 시작할 땐 'r'을 추가합니다.	Womit fährst du zur Schule? 넌 무엇을 타고 학교에 가니? Worauf wartet ihr jetzt? 너희는 지금 무엇을 기다리고 있니?

의문 부사	예문
wo 어디(서·에)	Wo isst du heute zu Mittag? 너 오늘 어디서 점심을 먹니? Wo ist er jetzt? 그는 지금 어디에 있나요?
wohin 어디로 woher 어디에서	Wohin geht er am Freitag? 그는 금요일에 어디로 가니? Woher kommen Sie? 당신은 어디(에서 온) 출신인가요?
wann 언제	Wann kommt er von seiner Reise zurück? 그는 언제 여행에서 돌아오니? Wann fährst du in Urlaub? 너는 언제 휴가를 가니?
seit wann 언제부터 bis wann 언제까지	Seit wann wohnst du in Korea? 넌 언제부터 한국에서 살았니? Bis wann bleiben Sie hier? 당신은 언제까지 여기에 머물 건가요?
warum 왜	Warum machen Sie den Vorschlag? 왜 그런 제안을 하는 거죠? Warum bist du so spät? 너 왜 이렇게 많이 늦었니?

02. 앞서 배운 문장을 독일어로 쓸 수 있는지 테스트를 통해 확인해 보세요. (정답 p.159)

① 네가 가장 좋아하는 음식은 무엇이니?

→

② 너는 주말에 무엇을 하니?

→

③ 누가 나보다 너를 더 잘 알겠니?

→

④ 책상 위에 있는 건 누구의 책이니?

→

⑤ 너는 누구와 휴가를 가니?

→

⑥ 넌 무엇을 타고 학교에 가니?

→

⑦ 너 오늘 어디서 점심을 먹니?

→

⑧ 그는 금요일에 어디로 가니?

→

⑨ 그는 언제 여행에서 돌아오니?

→

⑩ 왜 그런 제안을 하는 거죠?

→

① Was ist dein Lieblingsessen?

② Was machst du am Wochenende?

③ Wer kennt dich besser als ich?

④ Wessen Buch ist das auf dem Tisch?

⑤ Mit wem fährst du in Urlaub?

⑥ Womit fährst du zur Schule?

⑦ Wo isst du heute zu Mittag?

⑧ Wohin geht er am Freitag?

⑨ Wann kommt er von seiner Reise zurück?

⑩ Warum machen Sie den Vorschlag?

MEMO 틀린 문장이 있을 경우 아래에 몇 번씩 반복해서 써보세요.

LEKTION 10

독일어 의문사 이해하기 (2)

Wie heißt das auf Deutsch?

이건 독일어로 어떻게 불리나요?

① wie = 어떻게, 어떤 방법으로; 얼마나, 어느 정도로

② heißen = (~이라고) 부르다 · 일컫다

　　Wie+heißen+주어? = 주어는 어떻게 불리나요?

　　→ 위 표현은 '주어의 이름은 뭔가요?'라고 묻는 질문으로도 쓸 수 있습니다.

　　auf+(관사 없이)언어 = ~라는 언어로 / n. Deutsch = 독일어

　　Wie heißt das auf Deutsch? = 이건 독일어로 어떻게 불리나요?

MP3 듣고 따라 말하며 세 번씩 써보기	∩ mp3 187

①

②

③

응용해서 써본 후 MP3 듣고 따라 말하기	∩ mp3 188

① 너의 학교 이름은 뭐야?

　→

② 네 가장 친한(좋은) 친구 이름은 뭐야? [가장 좋은 = (adj.) best]

　→

---

① Wie heißt deine Schule?

② Wie heißt dein bester Freund?

Wie geht es deinen Eltern?

네 부모님은 어떻게 지내셔?

① Es geht+사람(3격)+형용사. = [직역] (상태가) ~에게 ~하게 굴러가다.

위의 말은 결국 '~라는 사람은 ~한 상태다(~하게 지낸다)'라는 뜻이며, 'es'는 사람의 기분·감

정·상태를 뜻하는 형식상 주어(비인칭 주어)입니다.

(ex) Es geht mir gut. = 나는 잘 지내.

② Es geht deinen Eltern 형용사. = 네 부모님은 ~하게 지내셔.

Wie geht es deinen Eltern? = 네 부모님은 어떻게 지내셔?

MP3 듣고 따라 말하며 세 번씩 써보기　　　　　　　　　　🎧 mp3 189

①

②

③

응용해서 써본 후 MP3 듣고 따라 말하기　　　　　　　　　🎧 mp3 190

① 당신 어머님은 어떻게 지내시나요?

→

② 너 오늘은 어떻게 지내? (= 너 오늘 어때?)

→

---

① Wie geht es Ihrer Mutter?

② Wie geht es dir heute?

Wie findest du meine neuen Schuhe?

내 새 신발 어떤 거 같아?

① finden = 생각하다, 여기다; 발견하다, 알아내다

Wie+finden+주어+명사(4격)? = 주어는 ~을 어떻게 생각하나요?

→ 위의 말은 '주어는 ~이 어떤 거 같나요?'라는 말로 해석 가능합니다.

② m. Schuh = (한 짝의) 신발 → pl. Schuhe = (한 켤레의) 신발

(adj.) neu = 새로운 → [4격] meine neuen Schuhe = 나의 새 신발

Wie findest du meine neuen Schuhe? = (너) 내 새 신발 어떤 거 같아?

MP3 듣고 따라 말하며 세 번씩 써보기	∩ mp3 191

①

②

③

응용해서 써본 후 MP3 듣고 따라 말하기	∩ mp3 192

① 네 새로운 상사는 어떤 거 같아? [상사 = m. Chef]

→

② Lufthansa에서의 일은 어때? (= Lufthansa에서 일하는 건 어때?)

→

---

① Wie findest du deinen neuen Chef?

② Wie findest du die Arbeit bei Lufthansa?

Wie spät ist es?

몇 시인가요?

① wie+형용사·부사 = 얼마나 ~한·하게

　　Wie+형용사+sein+주어? = 주어는 얼마나 ~한가요?

② Es ist 기수 Uhr. = (시간이) ~시입니다.

　　→ 위에서 'es'는 '시간'을 뜻하는 형식상 주어(비인칭 주어)입니다.

　　Wie spät(늦은) ist es? = [직역] (시간이) 얼마나 늦었나요?

　　→ 위의 말은 결국 '(시간이) 몇 시인가요?'라고 묻는 질문입니다.

MP3 듣고 따라 말하며 세 번씩 써보기	∩ mp3 193

①

②

③

응용해서 써본 후 MP3 듣고 따라 말하기	∩ mp3 194

① 네 어머니께선 얼마나 나이드셨니? (= 네 어머니 연세는 어떻게 되시니?)

　→

② 상황이 얼마나 심각한가요? [심각한 = (adj.) ernst, 상황·상태 = f. Lage]

　→

① Wie alt ist deine Mutter?

② Wie ernst ist die Lage?

Wie gut kennst du ihn?

너는 그를 얼마나 잘 아니?

① wie gut = 얼마나 좋은, 얼마나 잘

　　Wie gut+sein+주어? = 주어는 얼마나 좋은가요?

　　Wie gut+일반동사+주어? = 주어는 얼마나 잘 ~하나요?

② kennen = 알다

　　Wie gut+kennen+주어+명사(4격)? = 주어는 ~을 얼마나 잘 아니?

　　Wie gut kennst du ihn? = 너는 그를 얼마나 잘 아니?

MP3 듣고 따라 말하며 세 번씩 써보기　　　　　🎧 mp3 195

① _____

② _____

③ _____

응용해서 써본 후 MP3 듣고 따라 말하기　　　　　🎧 mp3 196

① 넌 독일어를 얼마나 잘 (말)하니? [말하다 = sprechen (어간의 e→i로 바뀜)]

　→ _____

② 네 영어는(영어 실력은) 얼마나 좋니? [영어 = n. Englisch]

　→ _____

① Wie gut sprichst du Deutsch?

② Wie gut ist dein Englisch?

Wie lange bleibst du hier?

너 여기 얼마나 오래 머무를 거야?

① wie lange = 얼마나 오래

Wie lange+일반동사+주어? = 주어는 얼마나 오래 ~하나요?

Wie lange bleibst du hier? = 너 여기 얼마나 오래 머무를 거야?

② 'dauern(지속되다, 시간이 걸리다)'라는 표현도 'wie lange'와 잘 씁니다.

Wie lange+dauern+주어? = 주어는 얼마나 오래 걸리나요(지속되나요)?

*'-rn'으로 끝나는 동사는 'n'을 제거한 후 주어 별로 형태 변화를 시킵니다.

MP3 듣고 따라 말하며 세 번씩 써보기   ∩ mp3 197

①

②

③

응용해서 써본 후 MP3 듣고 따라 말하기   ∩ mp3 198

① 비행은(비행 시간은) 얼마나 오래 걸리나요? [비행 = m. Flug]

→

② 베를린까지의 여행은 얼마나 오래 걸리나요? [운행; 여행 = f. Fahrt]

→

---

① Wie lange dauert der Flug?

② Wie lange dauert die Fahrt nach Berlin?

Wie oft isst du am Tag?

넌 하루에 얼마나 자주 식사하니?

① wie oft = 얼마나 자주

　Wie oft+일반동사+주어? = 주어는 얼마나 자주 ~하나요?

　→ 위의 말은 '주어는 몇 번이나 ~하나요?'라고도 해석 가능합니다.

② an+때(3격) = ~(인 때)에 / m. Tag = 날, 하루

　an dem Tag = 하루에 (an dem→am)

　Wie oft isst du am Tag? = 넌 하루에 얼마나 자주(몇 번이나) 식사하니?

MP3 듣고 따라 말하며 세 번씩 써보기	∩ mp3 199

①

②

③

응용해서 써본 후 MP3 듣고 따라 말하기	∩ mp3 200

① 너는 네 부모님께 얼마나 자주 전화하니?

　→

② 너는 얼마나 자주 영화관에 가니?

　→

---

① Wie oft rufst du deine Eltern an?

② Wie oft gehst du ins Kino?

Wie viele Stunden schläfst du pro Nacht?

넌 밤마다 얼마나 많은 시간을 자니?

① wie viel(e) = 얼마나 많은

셀 수 없는 명사엔 'wie viel', 셀 수 있는 명사엔 'wie viele'를 씁니다.

Wie viel(e)+A(명사)+일반동사+주어? = 얼마나 많은 A를 주어는 ~하나요?

② pl. Stunden = 시간 (셀 수 있는 명사) / pro Nacht = 밤마다

Wie viele Stunden schläfst du pro Nacht?

= 넌 밤마다 얼마나 많은 시간을(= 몇 시간이나) 자니?

MP3 듣고 따라 말하며 세 번씩 써보기	🎧 mp3 201

①

②

③

응용해서 써본 후 MP3 듣고 따라 말하기	🎧 mp3 202

① 넌 형제자매가 몇이니? [형제자매 = n. Geschwister (셀 수 있는 명사)]

→

② 너 돈 얼마나 있어? [금전, 돈 = n. Geld (셀 수 없는 명사)]

→

---

① Wie viele Geschwister hast du?

② Wie viel Geld hast du?

Wie weit ist es zum Gipfel?

정상까지는 얼마나 먼가요?

① wie weit = 얼마나 먼

　Wie weit ist es? = (거리가) 얼마나 먼가요?

　→ 위에서 'es'는 거리를 뜻하는 형식상 주어(비인칭 주어)입니다.

② m. Gipfel = 산꼭대기, 정상 / zu+장소(3격) = ~(쪽)으로, ~(쪽)까지

　zu dem Gipfel = 정상까지 (zu dem→zum으로 축약 가능)

　Wie weit ist es zum Gipfel? = 정상까지는 얼마나 먼가요?

MP3 듣고 따라 말하며 세 번씩 써보기	∩ mp3 203

①

②

③

응용해서 써본 후 MP3 듣고 따라 말하기	∩ mp3 204

① 호텔까지는 얼마나 먼가요? [호텔 = n. Hotel]

　→

② 여기에서 호텔까지는 얼마나 먼가요? [여기에서 = von hier]

　→

---

① Wie weit ist es zum Hotel?

② Wie weit ist es von hier zum Hotel?

Wie weit bist du mit deiner Arbeit?

네 일은 어느 만큼 진척됐어?

① wie <u>weit</u> = 어느 정도, 어느 만큼

'wie weit'는 어떤 일이나 상황의 '수준'이 어느 정도인지 물을 때에도 씁니다.

② mit+<u>명사(3격)</u> = ~와 함께 / f. Arbeit = 일, 노동; 과제

Wie weit bist du <u>mit deiner Arbeit</u>?

→ [직역] 너는 <u>네 일과 함께</u> 어느 만큼 온 상태니?

→ [의역] <u>네 일은</u> 어느 만큼 진척됐어? / <u>네 일은</u> 어떻게 되고 있어?

MP3 듣고 따라 말하며 세 번씩 써보기	🎧 mp3 205

①

②

③

응용해서 써본 후 MP3 듣고 따라 말하기	🎧 mp3 206

① 그의 대학 공부는 어떻게 되고 있니? [대학 공부, 전공 = n. Studium]

→

② 너희들 찾기는(찾는 건) 어떻게 되고 있어? [찾기, 탐색, 수사 = f. Suche]

→

---

① Wie weit ist er mit seinem Studium?

② Wie weit seid ihr mit der Suche?

01. 앞서 배운 내용 중 주요 문법 및 표현을 정리해 봅시다.

☐ 의문 부사 'wie'

wie & 파생 표현	예문
wie 어떻게	Wie heißt das auf Deutsch? 이건 독일어로 어떻게 불리나요?
Wie geht es 사람(3격)? ~은 어떻게 지내?	Wie geht es deinen Eltern? 네 부모님은 어떻게 지내셔?
Wie+finden+주어~? ~이 어떤 거 같아?	Wie findest du meine neuen Schuhe? 내 새 신발 어떤 거 같아?
wie gut 얼마나 좋은;잘	Wie gut kennst du ihn? 너는 그를 얼마나 잘 아니?
wie lange 얼마나 오래	Wie lange bleibst du hier? 너 여기 얼마나 오래 머무를 거야?
wie oft 얼마나 자주	Wie oft isst du am Tag? 넌 하루에 얼마나 자주 식사하니?
wie viel(e) [셀 수 없는 명사] wie viel [셀 수 있는 명사] wie viele	Wie viele Stunden schläfst du pro Nacht? 넌 밤마다 얼마나 많은 시간을 자니? Wie viel Geld hast du? 너 돈 얼마나 있어?
wie weit [거리] 얼마나 먼 [수준] 어느 정도, 어느 만큼	Wie weit ist es zum Gipfel? 정상까지는 얼마나 먼가요? Wie weit bist du mit deiner Arbeit? 네 일은 어느 만큼 진척됐어?

02. 앞서 배운 문장을 독일어로 쓸 수 있는지 테스트를 통해 확인해 보세요.　　(정답 p.174)

① 이건 독일어로 어떻게 불리나요?

→

② 네 부모님은 어떻게 지내셔?

→

③ 내 새 신발 어떤 거 같아?

→

④ 몇 시인가요?

→

⑤ 너는 그를 얼마나 잘 아니?

→

⑥ 너 여기 얼마나 오래 머무를 거야?

→

⑦ 넌 하루에 얼마나 자주 식사하니?

→

⑧ 넌 밤마다 얼마나 많은 시간을 자니?

→

⑨ 정상까지는 얼마나 먼가요?

→

⑩ 네 일은 어느 만큼 진척됐어?

→

① Wie heißt das auf Deutsch?

② Wie geht es deinen Eltern?

③ Wie findest du meine neuen Schuhe?

④ Wie spät ist es?

⑤ Wie gut kennst du ihn?

⑥ Wie lange bleibst du hier?

⑦ Wie oft isst du am Tag?

⑧ Wie viele Stunden schläfst du pro Nacht?

⑨ Wie weit ist es zum Gipfel?

⑩ Wie weit bist du mit deiner Arbeit?

MEMO 틀린 문장이 있을 경우 아래에 몇 번씩 반복해서 써보세요.

부록

기초문장 100 주요 내용 & 어휘 총정리

① 인칭대명사

		1격	2격	3격	4격
단수	나	ich	meiner	mir	mich
	너	du	deiner	dir	dich
	그	er	seiner	ihm	ihn
	그녀	sie	ihrer	ihr	sie
	그것	es	seiner	ihm	es
복수	우리	wir	unser	uns	uns
	너희	ihr	euer	euch	euch
	그(것)들	sie	ihrer	ihnen	sie
	당신(들)	Sie	Ihrer	Ihnen	Sie

② 소유관사

(1격 기준)

	남성 명사 앞	여성 명사 앞	중성 명사 앞	복수 명사 앞
나의	mein	meine	mein	meine
너의	dein	deine	dein	deine
그(것)의	sein	seine	sein	seine
그녀의	ihr	ihre	ihr	ihre
우리의	unser	unsere	unser	unsere
너희의	euer	eure	euer	eure
그(것)들의	ihr	ihre	ihr	ihre
당신(들)의	Ihr	Ihre	Ihr	Ihre

① 관사 변화

[①-1] 정관사 변화

	남성 명사	여성 명사	중성 명사	복수 명사
1격	der Onkel	die Katze	das Essen	die Kinder
2격	des Onkels	der Katze	des Essens	der Kinder
3격	dem Onkel	der Katze	dem Essen	den Kindern
4격	den Onkel	die Katze	das Essen	die Kinder

[①-2] 부정관사 변화

부정관사 역시 정관사와 동일한 규칙으로 형태가 변화합니다.

	남성 명사	여성 명사	중성 명사
1격	ein Onkel	eine Katze	ein Essen
2격	eines Onkels	einer Katze	eines Essens
3격	einem Onkel	einer Katze	einem Essen
4격	einen Onkel	eine Katze	ein Essen

[①-3] 소유관사 변화

소유관사 또한 (부)정관사와 동일한 규칙으로 형태가 변화합니다. (단, euer(너희의) 경우 여성·복수 명사에서 '[1격] euere (X) / eure (O)'와 같이 변하므로 주의!)

	남성 명사 앞	여성 명사 앞	중성 명사 앞	복수 명사 앞
1격	mein	meine	mein	meine
2격	meines	meiner	meines	meiner
3격	meinem	meiner	meinem	meinen
4격	meinen	meine	mein	meine

② 형용사 변화

[②-1] 부정관사·소유관사·kein+형용사+명사

남성·여성·중성 명사 1격, 여성·중성 명사 4격 외엔 전부 '형용사-en'으로 변합니다.

		남성 명사 앞	여성 명사 앞	중성 명사 앞	복수 명사 앞
부정관사, 소유관사, kein 뒤	1격	형용사-er	형용사-e	형용사-es	
	2격	형용사-en			
	3격				
	4격		형용사-e	형용사-es	

[②-2] 정관사+형용사+명사

남성·여성·중성 명사 1격, 여성·중성 명사 4격에선 '형용사-e'으로 변하며, 이들은 제외하곤 전부 '형용사-en'으로 변합니다.

		남성 명사 앞	여성 명사 앞	중성 명사 앞	복수 명사 앞
정관사 뒤	1격		형용사-e		
	2격		형용사-en		
	3격				
	4격		형용사-e		

[②-3] (관사 없이) 형용사+명사

남성·중성 명사 2격을 제외하곤 (부)정관사와 동일한 규칙으로 형태가 변화합니다.

		남성 명사 앞	여성 명사 앞	중성 명사 앞	복수 명사 앞
관사 X	1격	형용사-er	형용사-e	형용사-es	형용사-e
	2격	형용사-en	형용사-er	형용사-en	형용사-er
	3격	형용사-em	형용사-er	형용사-em	형용사-en
	4격	형용사-en	형용사-e	형용사-es	형용사-e

178

③ 동사 변화 [현재 시제 기준]

독일어 동사는 일정한 규칙에 따라 주어별로 형태가 변합니다. (단, sein 동사는 이 같은 규칙에 따르지 않고 전체가 불규칙하게 변합니다.)

[③-1] 대부분의 독일어 동사들은 어미가 '-en'으로 끝나고, 주어가 무엇인지에 따라 어미 부분이 아래와 같이 형태가 변화합니다.

wohnen (살다)			
ich	wohne	wir	wohnen
du	wohnst	ihr	wohnt
er/sie/es	wohnt	Sie/sie	wohnen

[③-2] 동사의 어간이 '-s/-ß/-x/-z'로 끝날 경우, 2인칭 단수 주어 du일 때 '-st'에서 s가 탈락되어 '-t'와 같은 형태가 됩니다.

sitzen (앉다)			
ich	sitze	wir	sitzen
du	sitzt	ihr	sitzt
er/sie/es	sitzt	Sie/sie	sitzen

[③-3] 동사의 어간이 '-d/-t/-chn/-fn/-gn/-dm/-tm'로 끝날 경우, 2·3인칭 단수 주어와 2인칭 복수 주어일 때 '-est / -et'와 같은 형태가 됩니다.

arbeiten (일하다)			
ich	arbeite	wir	arbeiten
du	arbeitest	ihr	arbeitet
er/sie/es	arbeitet	Sie/sie	arbeiten

[③-4] 일부 동사들은 2·3인칭 단수 주어일 때 어간의 장모음 e가 ie로 변합니다.

aus I sehen (~처럼(해) 보이다)			
ich	sehe... aus	wir	sehen... aus
du	siehst... aus	ihr	seht... aus
er/sie/es	sieht... aus	Sie/sie	sehen... aus

[③-5] 일부 동사들은 2·3인칭 단수 주어일 때 어간의 단모음 e가 i로 변합니다.

essen (먹다)			
ich	esse	wir	essen
du	isst	ihr	esst
er/sie/es	isst	Sie/sie	essen

[③-6] 일부 동사들은 2·3인칭 단수 주어일 때 어간의 a가 ä로 변합니다.

schlafen (자다)			
ich	schlafe	wir	schlafen
du	schläfst	ihr	schlaft
er/sie/es	schläft	Sie/sie	schlafen

[③-7] sein 동사는 앞서 언급된 규칙에 따르지 않고 불규칙하게 변합니다.

sein (~이다)			
ich	bin	wir	sind
du	bist	ihr	seid
er/sie/es	ist	Sie/sie	sind

① 기수

'일(하나), 이(둘), 삼(셋) 사(넷)'과 같이 말하는 숫자 표현을 '기수'라 지칭하며, 기수는 어떤 상황에서도 형태가 변하지 않고 일정하게 유지됩니다.

0	1	2	3	4
null	eins	zwei	drei	vier
5	6	7	8	9
fünf	sechs	sieben	acht	neun
10	11	12	13	14
zehn	elf	zwölf	dreizehn	vierzehn
15	16	17	18	19
fünfzehn	sechzehn	siebzehn	achtzehn	neunzehn

20	21	22
zwanzig	einundzwanzig	zweiundzwanzig
23	24	25
dreiundzwanzig	vierundzwanzig	fünfundzwanzig
26	27	28
sechsundzwanzig	siebenundzwanzig	achtundzwanzig

29	30	40	50
neunundzwanzig	dreißig	vierzig	fünfzig
60	70	80	90	100
sechzig	siebzig	achtzig	neunzig	hundert

101	234	1000
hunderteins	zweihundertvierunddreißig	(ein)tausend

② 서수

'첫째, 둘째, 셋째, 넷째'와 같이 말하는 숫자 표현을 '서수'라 지칭하며, 서수는 형용사와 동일한 규칙에 따라 형태가 변화합니다.

1.	2.	3.	4.	5.
erst	zweit	dritt	viert	fünft
6.	7.	8.	9.	10.
sechst	sieb(en)t	acht	neunt	zehnt

- (1./3./8.을 제외한) 1.~19. → 기수-t : ... 11.-elft, ... 19.-neunzehnt
- 20.~ → 기수-st : 20.-zwanzigst, 21.-einundzwanzigst, ...

③ 1월~12월

'1월~12월'에 해당하는 단어는 '남성 명사'입니다.

1월	2월	3월	4월
Januar	Februar	März	April
5월	6월	7월	8월
Mai	Juni	Juli	August
9월	10월	11월	12월
September	Oktober	November	Dezember

④ 요일 & 주말

'월요일~일요일'은 '남성 명사', 주말은 '중성 명사'입니다.

월요일	화요일	수요일	목요일
Montag	Dienstag	Mittwoch	Donnerstag
금요일	토요일	일요일	주말
Freitag	Samstag	Sonntag	Wochenende

⑤ 때 & 빈도수

그저께	어제	오늘	내일	내일 모레
vorgestern	gestern	heute	morgen	übermorgen
항상	날마다	종종	가끔	드물게	전혀
immer	täglich	oft	manchmal	selten	nie
아침마다	정오마다	오후마다	저녁마다
morgens, jeden Morgen	mittags, jeden Mittag	nachmittags, jeden Nachmittag	abends, jeden Abend

4 의문 대명사 & 의문 부사 총정리

① 의문 대명사

	1격	2격	3격	4격
무엇	was	wessen	X	was
누구	wer	wessen	wem	wen

② 의문 부사

어디(서·에)	wo	어떻게; 얼마나	wie
어디로	wohin	얼마나 좋은;잘	wie gut
어디에서	woher	얼마나 오래	wie lange
언제	wann	얼마나 자주	wie oft
언제부터	seit wann	얼마나 많은(이)	wie viel(e)
언제까지	bis wann	얼마나 먼	wie weit
왜	warum	어느 정도	

기초문장 100 어휘 280여 개 총정리

기초문장 100에서 학습한 280여 개의 주요 어휘들을 살펴보며 기억나지 않는 어휘들은 박스(□)
에 체크 표시를 한 뒤 복습하도록 하세요.

A

□ m. Abend	저녁	p.118
□ (adv.) abends	저녁마다	p.124
□ (cj.) als	~(으)로서; ~보다	p.148
□ (adj.) alt	나이 든	p.060
□ an l kommen	도착하다	p.109
□ an l rufen	전화하다	p.135
□ m. Anruf	전화	p.074
□ (adj.) anstrengend	힘든	p.132
□ f. Arbeit	노동, 일; 연구	p.121
□ arbeiten	일하다	p.076
□ ärgern	화나게 하다	p.133
□ auf l stehen	일어나다; 일어서다	p.073
□ (adj.) aufmerksam	사려 깊은, 세심한	p.139
□ f. Aufmerksamkeit	관심	p.141
□ pl. Augen	(두 개의) 눈	p.092
□ aus l sehen	~처럼(해) 보이다	p.077
□ m. Ausflug	소풍, 나들이	p.089
□ (adv.) auswärts	(집) 밖에서	p.078
□ n. Auto	자동차	p.045

B

☐ n. Baby	아기	p.074
☐ m. Bäcker	(남성) 제빵사	p.076
☐ f. Bäckerin	(여성) 제빵사	p.076
☐ (adv.) bald	곧	p.073
☐ f. Band	밴드; 악단	p.045
☐ pl. Bauchschmerzen	복통	p.088
☐ bekommen	얻다, 받다; 획득하다; 생기다	p.074
☐ Berlin	베를린	p.118
☐ m. Beruf	직업	p.045
☐ m. Bescheid	소식, 정보	p.135
☐ f. Bibliothek	도서관	p.034
☐ n. Bier	맥주	p.089
☐ bis wann	언제까지	p.154
☐ bleiben	머물다	p.152
☐ brauchen	필요하다	p.151
☐ n. Brot	빵	p.078
☐ m. Bruder	형; 오빠; 남동생; 형제	p.048
☐ n. Buch	책	p.046
☐ n. Büro	사무실	p.034
☐ m. Bus	버스	p.121

C

D

E

☐	f. Erklärung	설명	p.141
☐	(adj.) ernst	심각한	p.077
☐	essen	먹다	p.078
☐	n. Essen	음식	p.146

F

☐	fahren	(교통편을 타고) 가다·떠나다; 운전하다	p.118
☐	n. Fahrrad	자전거	p.121
☐	f. Fahrt	운행; 여행	p.167
☐	f. Farbe	색	p.046
☐	n. Fieber	열; 열병	p.088
☐	m. Film	영화	p.122
☐	finden	생각하다, 여기다; 발견하다, 알아내다	p.164
☐	fliegen	날다; 비행기로 가다·떠나다	p.119
☐	m. Flug	비행	p.167
☐	m. Flugbegleiter	(남성) 승무원	p.043
☐	f. Flugbegleiterin	(여성) 승무원	p.043
☐	m. Fluss	강, 하천	p.122
☐	f. Frage	질문	p.086
☐	f. Frau	(여성에게) ~ 씨, ~님	p.030
☐	frei l haben	한가하다	p.073
☐	m. Freitag	금요일	p.123
☐	f. Freizeit	휴식 시간	p.147
☐	m. Freund	친구; 남자 친구	p.043
☐	f. Freundin	(여자인) 친구; 여자 친구	p.043

H

I

J

K

L

M

N

O

P

R

W

☐ (adv.) wann	언제	p.154
☐ warten	기다리다	p.136
☐ (adv.) warum	왜	p.155
☐ (prn.) was	무엇	p.146
☐ m. Weg	길, 도로	p.036
☐ (adj.) weit	넓은; 먼	p.170
☐ (adj.) wenig	약간의, 적은, 근소한	p.079
☐ (prn.) wer	누가	p.148
☐ (adj.) wichtig	중요한	p.063
☐ (adv.) wie	어떻게; 얼마나	p.162
☐ (adv.) wo	어디(서·에)	p.152
☐ f. Woche	주, 1주간	p.104
☐ n. Wochenende	주말	p.127
☐ (adv.) woher	어디로부터, 어디에서	p.153
☐ (adv.) wohin	어디로	p.153
☐ wohnen	살다	p.070
☐ f. Wohnung	거주지	p.140

Z

☐ pl. Zahnschmerzen	치통	p.088
☐ n. Zeichen	신호; 표시; 징조	p.065
☐ f. Zeit	시간	p.095
☐ n. Zentrum	중심(부·가); 도심	p.071
☐ (adv.) ziemlich	상당히	p.049

MEMO